韓国語で読む
ローマの休日

로마의 휴일

イアン・マクレラン・ハンター＝原著
ユ・ウンキョン＝韓国語訳・解説

編集協力 ＝ キム・ヒョンデ

録　　音 ＝ 극단 영（劇団 影）

カバー写真 ＝ ©MPTV/amanaimages

本文写真 ＝ ©Paramount/MPTV/amanaimages（p.31）

©amanaimages（p.47, p.65, p.83, p.97, p.109, p.129, p.141）

photolibrary, wikipedia, wikimedia commons（p.12–p.28）

まえがき

"로마입니다." 앤은 그렇게 말하고 한층 더 밝은 미소를 지었다. "누가 뭐라
해도 로마입니다. 여기에서 지낸 시간은 살아 있는 한 잊을 수 없을 겁니
다."

「ローマです」アンは言い、いっそう大きな笑みを浮かべた。「なんと
いっても、ローマです。ここで過ごした時間は、生きている限り忘れは
しません」

『ローマの休日』は1953年に公開されたロマンティック・コメディ映
画です。この映画はウィリアム・ワイラーが監督を務め、オードリー・
ヘプバーン、グレゴリー・ペックが主演し、エディ・アルバートが助演
しました。オードリー・ヘプバーンはこの映画でアカデミー最優秀主演
女優賞を受賞し、世界中で大きな愛を受けました。
　映画のストーリーは、ヨーロッパ歴訪中の王女(オードリー・ヘプバー
ン)が公式日程の過密なスケジュールによるストレスと自由のない生活
の圧迫感に耐えられず、滞在先から脱出して一晩を自由に過ごそうと決
心したことから始まります。偶然出会ったアメリカ人記者(グレゴリー・
ペック)は、最初は独占の大スクープ記事を得るための目的で王女を助
けることにしますが、共に時間を過ごすうちに段々と彼女に心から惹か
れるようになります。二人はローマのあちこちを一緒に歩き回り、さま
ざまな冒険を経験しながら一日限りの恋に落ちるのです。
　『ローマの休日』はスタジオ撮影が主流の当時としては珍しく、実際の
ローマの名所で撮影され、これによって映画に躍動感と現実感が加わり
ました。この映画は、当時はもちろん、今でも多くの人々に愛されてい
るクラシックなロマンティック・コメディ映画の名作です。

この本は日本語を韓国語に翻訳した対訳書で、何より韓国語を勉強する読者のためにできるだけやさしく分かりやすい韓国語を使いました。見開きの韓国語と日本語の文章を交互に見ながら、日本語の文章がどのように韓国語の文章に翻訳されたのかを比較することも勉強に役立ちます。この本を通じて、韓国語を目で読む楽しさだけでなく耳で聞く楽しさも感じられます。韓国語を勉強する日本人読者を想定したので、専門の韓国人声優がなるべくゆっくり、正確な発音で録音しているので、付属のダウンロード音声を繰り返し聞くだけでも韓国語の実力向上に役立つことでしょう。

　美しい王女アンと一緒にローマでの特別な一日を楽しみませんか。

本書の構成

本書は、

□ 韓日対訳による本文　　　　□ 欄外の語注
□ 覚えておきたい韓国語表現　□ MP3形式の韓国語音声
□ 映画の背景や舞台となった場所の解説、コラム等

で構成されています。本書は、1953年の公開以来、世界中で愛され続けている『ローマの休日』をノベライズした日本語をわかりやすい韓国語に翻訳して左右に配置しているので、ストーリーを楽しみながら、より自然な韓国語表現を身につけることができます。また各ページには主要単語や上級単語の語注があるので、文章の中でその単語がどのような意味で使われているのかをすぐに確認できます。

　ストーリーを2章ずつ4部に分け、各部ごとに「覚えておきたい韓国語表現」を設け、登場する韓国語の中でよく使われる表現、有用に活用できる表現の文法説明とともに、その表現を使用した例文も収録されています。

　文中のQRコードをスマートフォンなどで読み取ると、その部分の韓国語音声を聞くことができます。最初は韓国語の文を目で追いながら、耳で韓国語の発音を確認しましょう。その後は、韓国語の音声を聞くだけでストーリーを理解することができるように、繰り返し音声を聞いてください。いつの間にか韓国語に慣れて身についてきた自分を発見することができるでしょう。

＊本書は左ページに韓国語、右ページに日本語を配し、対照して読み進めていただけるようつくられています。必ずしも同じ位置から始めることは難しいのですが、なるべく該当の日本語が見つけられやすいように、ところどころ行をあけるなどして調整してあります。

●音声一括ダウンロード●

本書の朗読音声（MP3形式）を下記URLとQRコードから無料でPCなどに一括ダウンロードすることができます。

https://ibcpub.co.jp/audio_dl/0809/

※ダウンロードしたファイルはZIP形式で圧縮されていますので、解凍ソフトが必要です。
※MP3ファイルを再生するには、iTunes（Apple Music）やWindows Media Playerなどのアプリケーションが必要です。
※PCや端末、ソフトウェアの操作・再生方法については、編集部ではお答えできません。付属のマニュアルやインターネットの検索を利用するか、開発元にお問い合わせください。

目　次

映画『ローマの休日』について

　さきごろ観た映画『ブラック・スワン』は、抑圧を抱えた少女が葛藤を乗り越えて大人に成長する、というよくある筋立てをベースに、ファンタジーやサスペンスやホラーの要素、母娘の葛藤や思春期の少女が持つ無防備なエロス、といった様々な要素をこれでもかと詰め込み、最新のデジタル技術を効果的に使った快作であった。劇中、ナタリー・ポートマン扮するバレリーナの少女が大役に抜擢され、その痺れるような緊張の中、しだいに妄想の中で迷い、遊び、壊れつつもついには大人の女性にメタモルフォーゼする、というストーリーだ。

　女優ポートマンの清潔でいたいけな美しさと、触れたら壊れそうな脆さ、見知らぬ世界へ逃げ込んだ少女が大人へと変貌する話。

　不意に結びついたのがオードリー・ヘプバーンという女優であり、『ローマの休日』という古典的物語だった。

　その『ローマの休日』である。公開後約60年を経たこの「誰もが認める名画」は、筋立てや俳優陣への関心が一人歩きしてしまって、2024年現在意外と観ていない人も多いのではないか。

　原題はROMAN HOLIDAYと言う。直訳すると「ローマ人の休日」となってしまう。これは「THE HOLIDAY IN ROME」がふさわしいのではないか？

　この疑問は、多くの方々が著書やネット上で指摘しているように、ROMAN HOLIDAYとは一個の完成された熟語であり、この映画に関するかぎり、明らかなダブル・ミーニングであることを知れば腑に落ちる。

ある英和辞書を紐解くと

Roman Holiday ＝ 野蛮を特徴とする見せ物[論争]：他人を苦しめて得る利益・楽しみ。古代ローマの娯楽であった奴隷の切り合いに由来。

とある。

「やんごとなき方のスキャンダルをどうぞお楽しみ下さい！」と言った製作者たちのユーモアと悪戯っぽいアイロニーゆえのこのタイトルなのであろう。

それにシンクロするように映画は所謂ラブ・コメディである。ハリウッドらしく優美なタッチでゆったり進行する華やかな恋物語。もしかしたら人々が『ローマの休日』に抱いている大雑把な印象はこのあたりなのかもしれない。が、侮るなかれ。この物語を一皮剥くと、優雅で素敵なラブ・アフェアを描いただけの作品ではないことにも気づくはずだ。

本作を貫くテーマは「少女から女性へ」、あえて細かく言えば「少女が女性へと変貌を遂げる一夜」の物語である（正確には二夜、ではあるが）。それは明らかにすべての少女達が通過儀礼として経験する「喪失」の暗喩である。

映画ではヘプバーン扮するアン王女がグレゴリー・ペック扮する新聞記者ジョーの部屋でなされる会話の端々にそれが見て取れる。特にペックの少し斜に構えた「小粋」なセリフには、セクシャルな解釈とも取れるよう意図的に曖昧にされた表現が多い。

もう一つのテーマは、「人は何かを諦めなければ大人になれない」という非常に苦い真実である。

「素敵な恋をしてハッピー！」「格差カップルでドキドキ！」などという王女の甘ったるい“想い出づくり”的な主観視点ではこの物語は決して終わらない。自分が何かを持っているがゆえ、人に待たれて、その責任を全うしなければならないことの厳しさ、苦しさ。自分にはその力が足りないかもしれない、でも私はここでそれをやるしかないんだ、という決意と勇気。そのために

は大事なものを諦めたり失ったりすることも私は辞さない、という強さとしたたかさ。

この二つの「喪失」に惑わされたり涙を流すことは止めて、それを「成長」と言い切って前に進んでしまおう。このように物語は文字通り「大人な着地」をしてのける。そしてこの物語のラストシーンで画面に映るのは、愛しい人を喪失してしまった孤独なジョーの姿である。そう、これはジョーの——男なる生き物の——喪失と成長の物語でもあったのだ。

どんな人間にも共通するこれらのテーマがレイヤーされてこそ、本作を単なる「ハリウッド・メイドの現実離れしたおとぎ話」から「普遍的なクラシック」までの価値に高めたといえる。そしていまだにみずみずしく美しい物語として色あせることなく輝き続け、世界中の人々に愛されている所以と言えよう。もちろん俳優陣の奇跡的なケミストリーはいうまでもない。

1953年のアメリカは第二次世界大戦に勝利したことの高揚感を保ちながらも、さまざまな戦後処理、帰還兵の社会復帰、朝鮮戦争、東西冷戦時代への突入、マッカーシズム、赤狩り等、アメリカが自身の暗い闇に悩まされた不穏な時代でもあった。本作のようないかにもハリウッドらしい明るいラブ・コメディやミュージカルとともに、ノワール映画と呼ばれる人間の深く暗い闇を残酷に描く新しいジャンルの映画も数多く製作された時期でもあった。

本作にもその傷跡が生々しく残る。ストーリーを実際に書いた脚本家ダルトン・トランボは赤狩りでハリウッドから追放。その友人イアン・マクレラン・ハンターが名義を貸していたため映画や書籍のクレジットはいまだイアン・マクレラン・ハンターのまま残る。製作50周年を記念して2003年に公開された『ローマの休日 デジタル・ニューマスター版』では大幅な映像修復がなされ、同時にCG技術によってダルトン・トランボが50年ぶりにメインタイトルにクレジットされたことが話題になった（トランボは1976年に死去している）。

本作の結末をハッピーエンドと呼ぶことはためらわれるが、苦い後味を噛み締めつつも、そこには爽やかな風が吹く。世界のリーダーとして、ハリウッドが、アメリカが、どうにかして自身の道を模索し「大人」へと前進しようとしていることが透けて見えるのは深読みのし過ぎであろうか。

　本書はこの物語を平易にノベライズした日本語とその韓国語訳で構成されている。ストーリーを追うだけなら一気に読めてしまうこと請け合い。ただし僭越ながら楽しみ方の一例をアドバイスさせていただくと、前述のとおりこの映画の美味しいところは「主人公たちのセリフをどう解釈するか」がポイントでもあるので、そのところをあなたなりの噛み締め方で、またできれば映画DVDなども参照にしながらゆっくりと味わっていただきたい。あなただけの『ローマの休日』の観賞法をブラッシュアップしてゆく。そんな楽しみ方ができるのも大人ならでは、ですよ。

斉藤　啓

アートディレクター＆アーティスト
自身のブログBlackmarketで数多の映画
評論を手掛け、各方面から大反響を呼ぶ
bmart.ocnk.net/

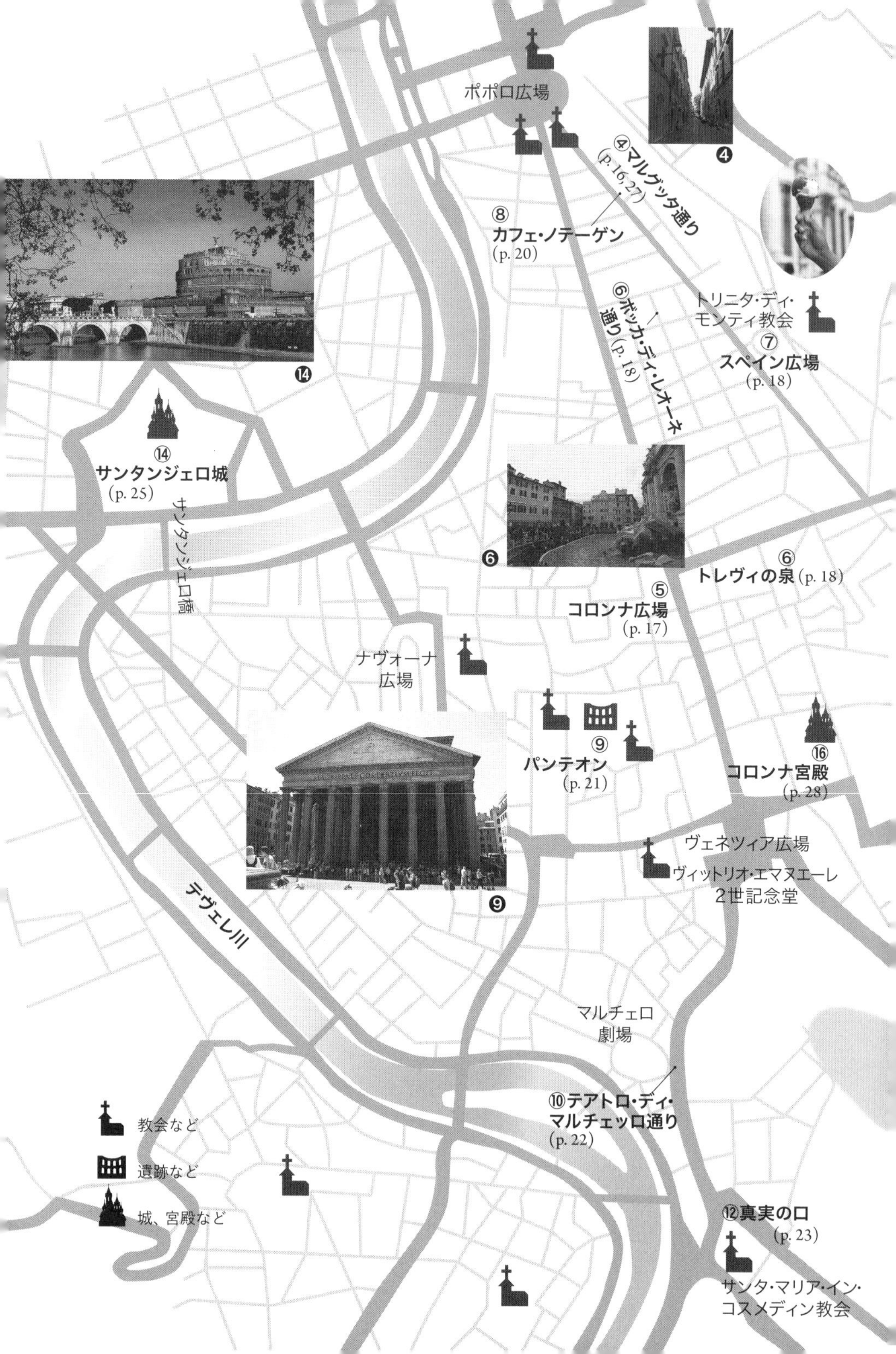

ポポロ広場
④マルグッタ通り
(p. 16, 27)
④
⑧
カフェ・ノテーゲン
(p. 20)
⑥ボッカ・ディ・レオーネ通り
(p. 18)
トリニタ・ディ・モンティ教会
⑦
スペイン広場
(p. 18)
⑭
⑭
サンタンジェロ城
(p. 25)
サンタンジェロ橋
⑥
⑥
トレヴィの泉 (p. 18)
⑤
コロンナ広場
(p. 17)
ナヴォーナ広場
⑨
パンテオン
(p. 21)
⑯
コロンナ宮殿
(p. 28)
ヴェネツィア広場
ヴィットリオ・エマヌエーレ2世記念堂
テヴェレ川
⑨
マルチェロ劇場
⑩テアトロ・ディ・マルチェッロ通り
(p. 22)
教会など
遺跡など
城、宮殿など
⑫真実の口
(p. 23)
サンタ・マリア・イン・コスメディン教会

⑬
ポリクリニコ通り
(p. 24)

⑮バルベリーニ宮殿
(p. 26)

②レプッブリカ
(共和国)広場 (p. 15)

②

テルミニ駅

③

①
ブランカッチョ宮殿
(p. 14)

③フォロ・ロマーノ
(p. 15)

⑪コロッセオ
(p. 22)

⑪

⑫

アン王女が訪れたローマ
映画『ローマの休日』の舞台

丸数字は、p.12-p.13の地図中の番号と同じ

① ブランカッチョ宮殿　*Palazzo Brancaccio*
브란카치오 궁전

1880年にブランカッチョ家の住まいとして建設された。ヴィットリオ・エマヌエーレ2世広場から延びるスタトゥート通りを行くと左前方に見えてくる。舞踏会のシーンや、アン王女の寝室の撮影に使われた。宮殿の立つエスクイリーノの丘は、ローマの元となった七つの丘のひとつである。

 このシーンの台詞から

의사 따위 필요 없어!
医者なんかいらない！

【解説】ヨーロッパ諸国を歴訪中のアン王女がローマでの歓迎の宴を終えて宿舎に帰ってきてから、ストレスで感情的になる場面での台詞です。厳格な王室生活に疲れ果てたアン王女は、窓の外で音楽に合わせて楽しく踊っている若者たちの自由に憧れ、宿舎をこっそり抜け出します。

この台詞での「따위」はある部類の人や動物、事物を卑下する、あるいは否定的な語感を込めて使う言葉で、アン王女の苛立たしい感情を表現しています。否定的な用語なので、日常会話での使用には注意しなければなりません。

- 그는 다른 사람의 소문 따위는 신경 쓰지 않는다.
  彼は他人のうわさなど気にしない。

- 이런 쓸데 없는 물건 따위 필요하지 않아!
  こんな無駄なものなんていらない！

② レプッブリカ広場（共和国広場） *Piazza della Repubblica*
레푸블리카 광장(공화국광장)

16世紀までは「エゼドラ広場」と呼ばれていた。広場の中央にある噴水は「ナイアディの噴水」で、大使館を抜け出したアンが目を覚まし、

トラックから飛び降りたシーンの撮影に使われた。広場は、ディオクレティアヌス浴場の大きな半円形の柱廊をもとに整備され、今も当時の面影を偲ぶことができる。

③ フォロ・ロマーノ *Foro Romano*
포로 로마노

トラックから降り疲れ果てたアンは石段で眠っていた。ポーカーに負けたジョーがそこを通りかかる。この2人の出会いの場所の撮影が、古代ローマ時代の遺跡であるフォロ・ロマーノで行われた。アンの後ろにはセプティミウス・セウェルス凱旋門が映る。この門は202年から203年に建設されたとされる。

フォロ・ロマーノの中にあるセプティミウス・セウェルスの凱旋門

映画ではベンチで眠ってしまったアンに声をかけたジョーだったが、薬を飲んでいたアンは寝ぼけているのか、詩を口ずさむ。

"나 죽어서 묻히더라도, 네가 목소리를 듣는다면, 흙 속에 잠든 티끌 같은 내 마음 기쁨에 떨리라."
（我死して埋められるとも、君が声を聞かば、土の下に眠る塵なるわが心喜びに震えん）

당신은 경찰 신세를 지기에는 너무 젊어.

あなたは警察のお世話になるには若すぎる。

【解説】宿舎からこっそり抜け出したアン王女は、薬の眠気に襲われて公園のベンチに横になっています。ちょうどその前を通りかかったジョーが、ベンチから転がり落ちそうなアンを助けては、早く家に帰るよう忠告します。ジョーは彼女が酒に酔ったと勘違いしましたが、服装などから路上で寝るような女性には見えなかったのです。

「신세를 지다(お世話になる)」は普通、誰かの助けを受けるという意味ですが、ここでは「警察に捕まるかもしれない」という意味で反語法的に使われています。肯定的な意味だけでなく否定的な意味でも使われる表現です。

- 그렇게 계속 나쁜 짓을 하다간 감옥 신세를 면하지 못할 거야.

　そんなにずっと悪いことをしていては、監獄の身の上を免れることはできないだろう。

- 빙판에서 미끄러지는 바람에 한동안 병원 신세를 졌지 뭐야.

　凍った路面で滑ってしばらく病院のお世話になったんだよ。

④ **マルグッタ通り** *Via Margutta*
마르구타 거리

帰るところが分からないアンをタクシーに乗せ、自分のアパートまで戻ったジョー。しかし、アンを送っていくことをタクシーの運転手に断られ、やむなく自分の部屋に連れて行くことにした。このジョーのアパートがあるのがマルグッタ通りだ。17、18世紀からアーティストたちが住むエリアで、今も多くのギャラリーが並ぶ美しい通り。

このシーンの台詞から

그녀는 비몽사몽 간에 걷고 있었다.
彼女は夢うつつの間を歩いていた。

【解説】眠くなる薬に酔って正気ではないアン王女を、ジョーは仕方なく自分のアパートに連れて帰ります。アンは半分眠っていて、ジョーに導かれるまま歩くだけ。映画では、ジョーについていくアンの姿をコミカルに描いています。

「한자성어(漢字成語)」は比喩的な内容を盛り込んだ言葉で、状況、感情、人の心理などを描写した慣用句です。短く「성어(成語)」ともいいます。主に4文字のものが多いため「사자성어(四字成語)」と呼ばれることもあり、日常生活や文章によく使われます。

- 비몽사몽(非夢似夢)　夢か現かぼんやりした状態、夢うつつ

- 부지불식(不知不識)　思いもよらず知りもしない、知らずしらず

- 횡설수설(橫說豎說)　条理に合わないことをでたらめに話すこと、しどろもどろ、ちんぷんかんぷん

⑤ コロンナ広場　*Piazza Colonna*
콜론나 광장

コルソ通りに面し、トリトーネ通りの西端に位置する広場で、中央にはローマ皇帝マルクス・アウレリウス・アントニヌスの円柱が立っている。アンをアパートの部屋に残し、ジョーが向かった新聞社のオフィスが、この広場付近である。

⑥ ボッカ・ディ・レオーネ通りからトレヴィの泉
Via Bocca di Leone / Pazza di Trevi
보카 디 레오네 거리에서 트레비 분수

アパートを出たアンが通る青空市
場の撮影が行われたのが、ボッ
カ・ディ・レオーネ通り。アンは、
新鮮な野菜や魚介類を売る店が並
ぶいきいきした通りを歩き、ウィ
ンドウショッピングを楽しみ、ト
レヴィの泉に着く。今もローマ有
数の観光名所であるトレヴィの泉

ポーリ宮殿の壁面彫刻とトレヴィの泉

は、古代ローマ時代に皇帝アウグストゥスがつくらせたものだが、
今見ることができるのは1762年に建設されたものである。
アパートを出て大使館に戻るにはお金が要る。そこでアンはジョー
に、"미안해요. 돈을 조금 빌려주실래요?" (ごめんなさい。少しお金を貸
してくださる?) と言う。そのお金で新しい靴を買ったアンは、意
気揚々とトレヴィの泉まで歩くのだった。

⑦ スペイン広場　*Piazza di Spagna*
스페인 광장

ショートヘアにしたアンが次に向かうのが、コンドッティ通りの突
き当たりにあるスペイン広場だ。広場にあるスペイン階段(正式に
はトリニタ・ディ・モンティ階段)は、ローマでも最も人気のある
場所で、アンがジェラートを食べる
シーンもここで撮影された。
ここに偶然を装ってジョーが現れ、
"아니, 이런. 또 만났네!" (おやおや。ま
た会ったね!) と声をかける。

スペイン階段から見る
広場の噴水

18

もう帰らなければ、というアン
に向かって、"좀 더 즐기고 가는 게
어때?"（もう少し楽しんでいっ
たらどうだい）と言う。1時間
ぐらいなら、とためらうアンに、
"밤까지 하고 싶은 것을 하자"（夜ま
でやりたいことをやろう）と誘
うジョー。2人の座っていた大

階段の上には、フランス王ルイ12世によって建設されたトリニタ・
ディ・モンティ教会が映し出されている。

 このシーンの台詞から

**이건 어떨까, 돌아가기 전에 조금은 자유를 맛보는 것도 괜찮지 않을
까?**

これはどうかな、帰る前に少しは自由を味わうのもいいんじゃないか
な？

【解説】アンの正体に気づいたジョーは、彼女との単独インタビュー
を勝ち取るために慎重にアンの後を追います。スペイン広場の階段
で偶然の出会いを装ってアンと再会したジョーは、寮に戻る前に一
緒に一日の自由を享受しようと提案します。

「자유를 맛보다（自由を味わう）」は、「自由を経験してみる」「自由を
感じてみる」という意味で、何かを初めて経験する時によく使われ
る表現です。

- 대학생 때 인턴으로 회사 생활을 맛보았습니다.
  大学生の時インターンで会社生活を味わいました。

- 여자지만 병영 체험 프로그램으로 군대 맛을 보았다.
  女性だが、兵営体験プログラムで軍隊の感覚を味わった。

⑧ カフェ・ノテーゲン　*Café Notegen*
카페 노테겐

アンの「オープンカフェに行ってみたい」という希望をジョーが叶えるために連れて行ったカフェ。映画の中では、「カフェ・ロッカ」と呼ばれていた。現在のカフェは1977年に火災のため建て直されたもの。カフェの内部は、このカフェ・ノテーゲンで撮影された。
互いに素性を明かせないまま、街路沿いのテーブル席で会話する2人。そこへカメラマンのアーヴィングがやって来る。アンを見たアーヴィングは、"누군가 꼭 닮았는데…….”（誰かに生き写しだって……）と言いかけ、ジョーに中断される。

 このシーンの台詞から

그래서 오늘은 예의 그 몰래카메라를 가지고 있나?
それで、今日は例のドッキリを持っているのかな？

【解説】アンと一緒に野外テラスがあるカフェに来たジョーには、友人でありカメラマンであるアーヴィングの助けが必要でした。最初は何も知らなかったアーヴィングは、ジョーと一緒にいる女性が本当にアン王女であることを知って驚きます。単独インタビューの収益の分配を約束されたアーヴィングは、ジョーを助けてアンの姿を写真に残すことにします。しかし問題は、アン王女が自分が写真に撮られていると気づかれないようにするべきだということです。ジョーが必要としたのは、アーヴィングがいつも持ち歩いているライターの中に隠したカメラでした。

韓国では、映画に登場したライターカメラのように他の物に偽装されたカメラ、あるいは撮影される当事者が知らないうちに隠れて撮影するカメラを通称「몰래카메라（隠しカメラ）」、略して「몰카」と呼びます。この用語は、かつての韓国の人気バラエティ番組のタイトルから取ったものです。友達をいたずらでだます場合にも「몰카」という用語が使われますが、社会的に「몰카」は犯罪に使われることが多く問題になっています。

- A: 연진아 오늘 예뻐보이네?

　　ヨンジン、今日きれいに見えるね？

B: 갑자기 왜 그래? 이거 몰카 아니야?

　　急にどうしたの？　これドッキリじゃない？

- 최근 들어 지하철 몰카 범죄가 늘고 있습니다.

　最近、地下鉄の盗撮犯罪が増えています。

⑨ パンテオン　*Piazza della Rotonda*
판테온

カフェのシーンで映し出されるのが、パンテオン。カフェは広場の西のロトンダ通り沿いにあるという設定になっている。パンテオンは様々なローマ神を奉る神殿で、その起源は紀元前25年までさかのぼることができる。その後、128年に再建されたのが現在の建物である。広場にある噴水は、16世紀に建築家ポルタによってデザインされたものだ。

カメラマンのアーヴィングはどうやらライターに仕込まれたカメラを使って王女の撮影をすることにしたらしい。"담배는 어때?"（タバコはいかが？）というアーヴィングに対し、アンはタバコをもらいながら、"믿을 수 없을지도 모르지만, 정말 처음으로 담배를 피우는 거예요."（信じられないかもしれないけど、本当に初めてタバコを吸うの）と言うのだった。

⑩ テアトロ・ディ・マルチェッロ通り
Via del Teatro di Marcello
델 테아트로 디 마르첼로 거리

カフェを出た後のアンとジョーが、スクーターで疾走するシーンを撮影した通り。映画には、1870年のイタリア統一の立役者となったヴィットリオ・エアヌエーレ2世の記念堂やマルチェッロ劇場なども映し出される。

⑪ コロッセオ
Piazza del Colosseo
콜로세움

ヴィットリオ・エアヌエーレ2世の記念堂

スクーターに乗った2人は、巨大な円形闘技場コロッセオ周辺にやって来る。コロッセオは、古代ローマの皇帝、ウェスパシアヌス帝が建てさせたもので、80年に完成した。ローマ市民への人気取りのための娯楽提供場として使われ、ときには拳闘士と猛獣による命をかけた闘技会なども行われた。ガイドの説明を熱心に聞くアン王女の姿が映し出されている。

⑫ 真実の口　*Bocca della Verità*
진실의 입

6世紀に創建されたとされるサンタ・マ
リア・イン・コスメディン教会の外壁に
ある、髭を生やした男（海神トリトーネと
いわれる）の顔の彫刻。ウソをついている
人が、口に手を入れると、その手を噛ま
れるという伝説がある。アンは身分を隠
しているということもあり、真実の口に
手を入れることができなかったというあ
まりにも有名なシーンがここで撮影され
た。映画の中では、このコスメディン教
会の隣に3人がつかまった警察署がある
という設定になっていた。

サンタ・マリア・イン・コスメ
ディン教会

 このシーンの台詞から

**전해지는 말로는 거짓말을 하는 사람이 이 입에 손을 넣으면 물어서
손이 잘린다고 하지.**

伝えられる話では嘘をつく人がこの口に手を入れると噛んで手が切れ
るという。

【解説】「真実の口」の前に立ったジョーとアン。ここは嘘をつく人が
口に手を入れると噛み切られるという伝説があるところです。自分
を寮から逃げた学生だと偽ったアンと、平凡な会社員だと嘘をつい
たジョーは、互いに口の中に手を入れようとしません。良心がとが
めて手を入れないアンに比べ、上手な新聞記者のジョーは手を入れ
て切られたようにいたずらをします。2人が次第に近づくきっかけ
となる有名な場面です。

「-다고 하다」は誰か他の人に、あるいは
メディアを通じて伝え聞いた内容を伝え
る時に使う表現です。

- 일기예보에 따르면 내일 비가 온다고 합니다.
  天気予報によると、明日雨が降るそうです。

- 오늘 전학 온 애가 미국에서 왔다고 하던데.
  今日転校してきた子がアメリカから来たと言ってたけど。

⑬ ポリクリニコ通り　*Viale del Policlinico*
폴리클리니코 거리

「真実の口」の後にアン、ジョー、アーヴ
ィングの３人が訪れる「祈りの壁（通称）」
があるとされるサン・ロレンツォ地区に
ある通り。映画の中ではマリア像やお札
が貼られているが、実際にはローマの街
を囲む城壁ではないかと言われている。

 このシーンの台詞から

그건 말할 수 없지만 내 소원이 이루어질 가능성은 거의 없어요.
それは言えませんが、私の願いが叶う可能性はほとんどありません。

【解説】願いが叶う壁の前に立ったアンとジョー。ジョーはアンにも
願い事をするように勧めます。アンにどんな願い事をしたのか聞い
てみるジョーですが、アンは答えません。アンの願いは何だったの
でしょうか？　おそらく、他の人によって決められた人生を生きる
よりは、自分が望む人生を生きたいという願いだったのではないで
しょうか？　そのために生まれた台詞なのでしょう。

ローマでの夢のような一日を過ごした後、王女の本分に戻ったアン
は、自分に訓戒する大使にこう話します。

대사님, 의무에 대해서 말씀하실 필요는 없습니다. 왕족과 국가에 대
한 의무를 확실히 알고 있지 않았다면 오늘밤 돌아오지 않았을 거예
요. 아니, 줄곧 돌아오지 않았을 거예요.

大使、義務について話す必要はありません。王族と国家に対する義務を確実に知っていなかったら、今夜帰って来なかったでしょう。いや、ずっと帰ってこなかったと思います。

序盤の甘えを見せていたアンと比べると、一段と成熟しているようです。

⑭ サンタンジェロ城　*Lungotevere Castello*
산탄젤로 성

船上パーティーの会場の背景として映し出されたのがサンタンジェロ城。テヴェレ川右岸にある城塞で、135年皇帝ハドリアヌスの命で建設を開始、139年に完成した。霊廟であるこの建物には、ハドリアヌスの他に、

サンタンジェロ城とサンタンジェロ橋

アントニヌス帝ほか多くの皇帝が埋葬されている。ここでアンとジョーはダンスを楽しむが、大使館から差し向けられた黒服の男たちと大乱闘となる。川に落ちたアンとジョーのキスシーンが撮影されたのも、このサンタンジェロ橋の少し下流にある橋のたもとである。

 このシーンの台詞から

오늘, 제 머리를 잘라주신 분이에요.
今日、私の髪を切ってくださった方です。

【解説】サンタンジェロ城の川辺の船上ダンスパーティーで会った理髪師をジョーに紹介する場面です。事実、この文章では「머리를 자르다(頭を切る)」よりは「머리카락을 자르다(髪の毛を切る)」がより正確な表現です。頭が切れたのにどうやってダンスパーティーに来ることができるって？　しかし、韓国では美容院でヘアカットをする際、「머리를 자르다」「머리를 깎다」「머리를 하다」などの表現をより頻繁に使うので、誤解しないでくださいね。

- 오늘 미용실에 가서 머리 자르고 왔어. 어때?

　今日美容室に行って髪を切ってきた。どう？

- 미용실이죠? 내일 머리 하고 싶은데 예약할 수 있어요?

　美容室ですよね？　明日髪をセットしたいのですが、予約できますか？

⑮ バルベリーニ宮殿　*Palazzo Barberini*
바르베리니 궁전

バルベリーニ広場から延びるクアットロ・フォンターネ通りを行く
と、左手に鉄格子と石柱が見えてくる。この宮殿が、映画の中でアン王女がローマ滞在中に過ごすことになっていた大使館の外観として使われたバルベリーニ宮殿である。17世紀前半に建設されたこの宮殿の内部にある巨大な天井画は、イタリアの画家、建築家として多くの作品を残しているピエトロ・ダ・コルトーナの「神の摂理」。政府に寄付された後は、国立古典絵画館として公開されている。
1864年に建設された正門は、映画の中で、最初にアン王女が大使館を抜け出すシーンと、翌日ジョーと別れるシーンのバックに使われている。門の前に車を止めた2人は、

アン: 여기서 작별을. 차에서 내리지 말고 그냥 가세요. 나를 배웅하지 않겠다고 약속해요. 여기서 작별을.
（ここでお別れを。車を降りずに、そのまま行って。私のことは見送らないと約束して。ここでお別れを）

ジョー: 알았어.
（分かった）

アン: 뭐라고 해야 할지, 할 말을 못 찾겠어요.
（何と言えばいいのか、言葉が見つからない）

ジョー: 말하지 않아도 돼.
（言わなくていい）

という会話を交わした後、アンは門を通り抜けていく。

④ マルグッタ通り　*Via Margutta*
마르구타 거리

前述のジョーのアパートが再び出てくる。アンとの一日が終わりアパートで呆然としているジョーのもとに訪れたのは上司だった。

 このシーンの台詞から

바지 꼴 좀 봐!
ズボンの格好を見て！

【解説】アン王女との悲しい別れの後、アンを心から大切に思い、愛するようになったジョーは、アンについての単独記事を書くことができなくなりました。何かに気づき、自分を責める上司の前で、ジョーは何とかしてアンのプライバシーを守るために努力します。このタイミングで現れた気の利かない友人アーヴィングがアンとのことを口外しようとすると、ジョーは必死に彼の口を塞ごうとします。野外テラスのあるカフェでアンを初めて見た時のアーヴィングとジョーの姿がオーバーラップする場面です。

「꼴」は人の姿や身なり、境遇などを見下すような言葉で、「꼬라지」「꼬락서니」という形でも使われます。

- 길에서 자다 온 것처럼 꼴이 말이 아니다.
  道で寝て来たように格好が悪い。

- 남을 비난하기에 앞서 네 꼬락서니 먼저 보렴.
  人を非難する前に君の格好を先に見てごらん。

バイクが立ち並ぶ
ローマの街角

27

⑯ コロンナ宮殿　*Palazzo Colonna*
콜론나 궁전

ローマの貴族、コロンナ家の宮殿として15世紀に建造された。ベネチア派の絵画を所蔵し、現在はコロンナ美術館として公開されている。

アン王女が行方不明になったことで延期されていた記者会見の会場となったのが、サラ・グランデという大広間。広間には各国の記者が集まっており、その中にはジョーとアーヴィングもいた。

ある記者に訪問した国々の中でどこが一番良かったか、と尋ねられたアン王女は、"어디나 거기만의 장점이……"（どこもそこならではの良さが……）と社交辞令を言いかけるが、気が変わったように、"로마, 뭐니뭐니해도 로마입니다. 살아 있는 한, 이 로마에서의 일은 잊지 않을 것입니다."（ローマ、何と言ってもローマです。生きている限り、このローマでのことは忘れないでしょう）と答えるのだった。そして会見が終わると、アンは名残惜しそうにジョーを見つめると、笑顔をのこして広間を後にする。

제1부
제1장-제2장

第1部
第1章-第2章

01

제1장
프린세스

　뉴스는 온통 앤 공주에 대한 이야기뿐이었다. 공주는 한창 유럽을 돌고 있는 중이었다. 그러나 휴가 여행은 아니었다. 그렇다, 직무였다. 자국과 유럽 각국과의 우호관계를 확고히 하기 위해 많은 왕과 여왕을 알현했다. 처음 방문한 곳은 런던이었고 그다음은 암스테르담, 파리, 그리고 지금은 로마다.

　로마에서는 공주를 환영하는 화려한 연회가 열렸다. 전 세계에서 지체 높으신 분들이 공주의 모습을 한 번만이라도 보려고 모여들었다. 공주는 한 사람 한 사람에게 감사의 예를 올리고 밤새 어울려 춤을 췄다. 겨우 연회가 끝나서 방으로 돌아온 공주는 안도의 한숨을 내쉬었다.

　"우유를 가져왔습니다. 푹 주무실 수 있을 거예요." 앤이 잘 준비를 마치자 백작 부인이 들어왔다. 백작 부인은 앤의 시중 역을 맡고 있었다.

　앤은 침대 위에 서서 창밖을 내다보았다. 밖에서 음악이 들려왔다.

■ 공주 姬, 王女　■ 우호관계 友好関係　■ 확고히 하다 確固とする　■ 지체 높다 地位の高い　■ 안도의 한숨 安堵のため息　■ 시중 世話係

第1章
プリンセス

　ニュースはアン王女の話題でもちきりだった。王女はヨーロッパを巡っている最中だ。けれど、休暇旅行ではない。そう、仕事だった。自国とヨーロッパ諸国との友好関係を確かなものにするために、多くの王や女王に謁見した。最初に訪れたのはロンドンで、その次はアムステルダム、それからパリ、そして今はローマだった。

　ローマでは、王女のためにきらびやかな歓迎の宴がひらかれた。世界中のお偉方が王女をひとめ見ようと集っていた。王女は一人ひとりに礼をつくし、夜通しダンスにつきあった。それでも、宴がお開きになり、ようやく部屋に戻ることができたとき、王女はほっと胸をなでおろした。

　「ミルクをお持ちしました。よく眠れますわよ」アンが寝る支度を終えると、伯爵夫人がやってきた。伯爵夫人はアンの世話係だ。

　アンはベッドの上に立って、窓の外をのぞいた。外から音楽が聞こえてきた。

"이 따위 나이트가운, 싫어"라고, 앤은 불만을 토로했다. "게다가 속옷도 이게 뭐야. 꼭 200살 된 할머니 같잖아. 밖에서 춤추는 젊은이들 사이에 낄 수 있으면 얼마나 좋을까."

"자, 침대로 들어가세요." 백작 부인이 말을 건넸다. "내일 스케줄을 설명드리겠습니다."

백작 부인은 다음날 방문할 곳과 면담 스케줄을 끝없이 읽어 내려갔다. 그걸 다 해내야 한다고 생각하니 앤은 머리가 빙글빙글 도는 것 같았다.

"그만! 그만두라고!" 백작 부인이 한창 설명하는데 앤이 소리쳤다.

"어디가 편찮으신가요, 공주님?" 백작 부인이 물었다. "보나코 벤 선생님을 불러오겠습니다."

"의사 따위 필요 없어! 쓸데없다고. 그렇잖아, 의사가 올 때쯤이면 벌써 죽어버렸을 테니까." 앤은 울부짖었다. 몹시 기분이 나빴다.

"죽는다니, 그렇지 않을 거예요, 앤 공주님." 백작 부인이 달랬다.

왕가 주치의가 달려와 보니 공주는 눈을 감고 조용히 누워 있었다.

"주무십니까, 공주님?"

"아니요!" 주치의의 물음에 앤이 대답했다.

"중요한 것은 내일 공주님께서 밝은 모습으로 회견을 하셔야 한다는 겁니다." 백작 부인이 말했다.

♛

■ 불만을 토로하다 不満を吐露する ■ 머리가 빙글빙글 돌다 頭がくるくる回る
■ 편찮다 具合が悪い ■ 회견 会見

　「こんなナイトガウン、嫌いだわ」と、アンは不満をもらした。「そ
れに肌着もいや。まるで200歳のおばあちゃんになった気分よ。外
で踊っている若い人たちの仲間に入れればどんなにいいかしら」

　「さあ、ベッドにお入りください」伯爵夫人が声をかけた。「明日
のスケジュールを説明しますわ」

　伯爵夫人は、翌日の訪問先と面会のスケジュール表を延々と読み
上げた。それらをすべてこなさなくてはならないのかと思うと、ア
ンは頭がくらくらしてきた。

　「やめて！　やめてったら！」伯爵夫人の説明のさなかに、アンが
叫んだ。

　「ご気分がすぐれないのですか、王女様」伯爵夫人が尋ねた。「ボ
ナコーヴェン先生を呼んでまいります」

　「医者なんかいらないわ！　ムダよ、だって医者がくるころには、も
う死んじゃってるんだから！」アンは泣き叫んだ。かなりご機嫌な
なめだった。

　「死んだりしませんわ、アン王女」伯爵夫人がなだめた。

　侍医がかけつけると、王女は目を閉じて静かに横たわっていた。

　「お休みですか、王女様」

　「いいえ！」侍医の問いかけに、アンが答えた。

　「大切なのは、明日、王女がほがらかに会見されることです」伯爵
夫人が言った。

"그럼, 잠깐 실례하겠습니다." 주치의는 공주의 열을 잰 후에 몸을 대강 진찰했다. 아무 데도 이상이 있는 곳은 없었다.

"미안해요, 보나코 벤 선생님. 내일이면 반드시 좋아질 거예요. 얼굴에는 미소를 띠우며 예의 바르게, 우호적인 무역 관계를 맺고, 화제를 뿌리며 …… 그리고 ……" 또다시 머리가 어질어질해서 앤은 울음이 쏟아졌다.

"자, 이걸로 이제 푹 잘 수 있을 거예요." 이렇게 말하며 주치의는 공주에게 주사를 놓았다.

"그건 뭐지?" 앤이 물었다.

"마음이 풀어지는 새로운 약입니다." 주치의가 대답했다. "지금은 마음 편히 계시는 게 가장 좋습니다." 그는 진찰 도구를 가방에 넣고 공주와 백작 부인에게 밤인사를 했다.

주치의와 백작 부인이 방에서 나가자 앤은 벌떡 일어났다. 다시 한 번 창밖을 내다보고 춤추는 젊은이들을 바라보았다. 그리고 미소를 지으면서 간편한 옷으로 갈아입고 몰래 방에서 정원으로 빠져나왔다.

정원에는 소형 트럭이 세워져 있었다. 앤은 짐칸에 올라 상자 사이로 숨어들었다. 잠시 후 운전사가 돌아와 트럭에 올라 출입문 쪽으로 향했다. 졸음이 쏟아졌지만 앞으로의 일을 생각하니 앤은 가슴이 두근거렸다. 문지기의 허락이 떨어졌고 트럭은 거리로 달려나갔다. 그 순간, 앤은 자유의 몸이 되었다!

■ 진찰하다 診察する　■ 화제를 뿌리다 話題をまく　■ 머리가 어질어질하다 頭がくらくらする　■ 졸음이 쏟아지다 眠気がさす　■ 문지기 門番

「では、少々失礼いたします」侍医は王女の熱を測って、それから
ざっと診察した。どこもおかしなところはなかった。

「ごめんなさい、ボナコーヴェン先生。明日にはきっと元気になっ
ていますから。ほほえんで、礼儀ただしくして、良好な貿易関係を
築いて、話題をふりまいて……そして……」また頭がくらくらして、
アンは泣きじゃくった。

「ほら、これでぐっすり眠れますよ」と言って、侍医は王女に注射
を打った。

「それはなに？」アンが尋ねた。

「気持ちがほぐれる新しいお薬です」と侍医は答えた。「今はお好
きなようになさるのが一番ですよ」彼は診察道具をかばんにつめ、
王女と伯爵夫人にお休みのあいさつをした。

侍医と伯爵夫人が部屋から出て行くと、アンはむくりと起き上が
った。もう一度窓の外をのぞいて、踊っている若者たちを眺めた。
そして笑みを浮かべながら、シンプルな服に着替え、こっそり部屋
から庭へ抜け出した。

庭には小型のトラックが停まっていた。アンは荷台にあがって、
箱の間にもぐりこんだ。しばらくして運転手がやってきてトラック
に乗り込み、通用門へ向かった。眠気に襲われたけれど、これから
のことを考えるとアンは胸がわくわくした。門番たちが許可をだし、
トラックは街へ出てゆく。その瞬間、アンは自由の身になった！

앤은 생긋 웃으며 짐 쪽으로 다가갔다. 트럭은 손님으로 가득한 레스토랑을 지나쳤다. 그리고 커플 두 사람을 태운 스쿠터를 추월했다. 앤이 손을 흔들자 커플도 손을 흔들어주었다. 잠깐 트럭이 멈춘 틈을 타 그녀는 짐칸에서 뛰어내렸다. 그리고 어슬렁어슬렁 걷다 보니 어느새인가, 건물 2층에, 어떤 방이 있는 그 밑을 지나치고 있었다.

그 방에는 조 브래들리, 어빙 래도비치, 그리고 이들 말고도 몇 명인가의 남자들이 테이블에 모여 있었다. 내기 포커가 한창 진행중이었다. 어빙이 판을 휩쓸고 있었다.

"이게 마지막 게임이라네. 끝나면 제군들은 집으로 돌아가도록." 어빙이 말했다.

"내일은 아침 일찍 공주의 회견이 있어. 내가 사진을 찍게 되었단 말이지."

"아침 일찍?" 반문한 것은 조 브래들리였다. "초대장에는 오전 11시 45분이라고 써 있다네. 빠르다고 할 시간은 아니지."

"어빙은 그저 오늘밤 딴 것을 잃고 싶지 않을 뿐이겠지." 어울려 게임을 하던 이들 중 한 사람이 말했다. "그렇지 않나, 어비?"

"말씀대로." 어빙은 빙그레 웃었다.

"그럼, 나도 그렇게 해볼까." 조가 말했다. "돈도 별로 안 남았고 슬슬 가야겠어. 어비, 내일 회견에서 보자고. 잘들 자게, 제군들."

♚

■ 어슬렁어슬렁 걷다 ぶらぶら歩く ■ 판을 휩쓸다 場を荒らす, 席巻する ■ 빙그레 웃다 にっこり笑う

　アンはにっこりほほえんで、荷物によりかかった。トラックは客でいっぱいのレストランを通り過ぎた。それからスクーターに2人乗りしたカップルを追い越した。アンが手を振ると、カップルも手を振り返してくれた。一瞬トラックが停まったすきに、彼女は荷台から飛び降りた。そしてぶらぶら歩いているうちに、ビルの2階の、とある部屋の下を通り過ぎるのだった。

　その部屋には、ジョー・ブラッドリー、アーヴィング・ラドヴィッチ、それから他に何人かの男たちがテーブルについていた。ポーカーで賭けをしている最中だ。アーヴィングが勝ち続けていた。

　「これが最後のゲームだ。終わったら諸君は家に帰れよ」とアーヴィングが言った。

　「明日は朝早くに、王女の会見がある。ぼくが写真を撮ることになってるんだ」

　「朝早く？」と言ったのはジョー・ブラッドリーだ。「招待状には午前11時45分と書いてある。早くもなんともないぜ」

　「アーヴィングはただ今夜の勝ち分を失くしたくないだけさ」ゲームに加わっている一人が言った。「だろ、アーヴ？」

　「そのとおり」アーヴィングはにんまりとした。

　「じゃあ、俺はそうしようかな」ジョーが言った。「あんまり金も残ってないし、そろそろ帰るよ。アーヴ、明日の会見で会おう。おやすみ、諸君」

조가 거리를 걷다 보니, 공원 벤치에서 자고 있는 젊은 여자의 모습이 눈에 들어왔다. 그는 걷는 속도를 줄였다.

"각별한 즐거움입니다 ······." 앤이 말했다. 주치의의 주사가 생각보다 효과가 좋았다. 마치 술에라도 취한 듯한 어투로 눈을 감은 채 미소를 짓고 있었다. 조는 걸음을 멈추지 않았지만 그대로 두었다가는 앤의 몸이 얼마 안 있어 벤치에서 굴러 떨어질 것 같았다.

"이봐, 이봐! 일어나!" 조는 그녀의 몸을 잡고 앉혔다.

"감사드립니다." 앤은 공주다운 목소리를 내며 그렇게 말했다.

"자, 일어나지."

"아니, 괜찮아요. 앉도록 하세요." 앤은 대답했다.

"우선은 일어나는 편이 낫겠어. 당신은 경찰 신세를 지기에는 너무 젊어."

"2시 반, 방으로 돌아가서 옷을 갈아입고. 2시 45분 장관과 면담." 앤은 다음날 스케줄을 입으로 내뱉었다.

"저기, 당신 같이 젊은 여자가 술 같은 거 마시면 안 되지." 조가 말했다.

마침 그때 택시가 다가오는 소리가 들렸다. 조는 손을 들어 택시를 세웠다.

■ 눈에 들어오다 目に入る　■ 경찰 신세를 지다 警察の厄介になる

　ジョーが通りを歩いていると、公園のベンチで寝ている若い娘の姿が目にとまった。彼は歩くスピードを落とした。

　「格別の喜びです……」アンは言った。侍医の注射が少し効きすぎていた。まるで酔っぱらっているような口調で、目を閉じたままほほえんでいる。ジョーは歩き続けたが、アンの体がもう少しでベンチから転げ落ちそうになった。

　「おいおい！　起きろよ！」ジョーは彼女の体を押さえて、座らせた。

　「感謝いたしますわ」アンは王女らしい声でそう言った。

　「さあ、起きて」

　「いいえ、結構。お座りなさい」とアンが答えた。

　「とにかく起き上がったほうがいい。君は警察の厄介になるには若すぎる」

　「2時半、部屋に戻って着替え。2時45分、大臣と面会」アンは翌日のスケジュールを口にした。

　「ねえ、君みたいな若い女の子が酒なんて飲んじゃいけないよ」ジョーが言った。

　ちょうどそのとき、タクシーが近付いてくる音がした。ジョーは手をあげてタクシーを停めた。

"자." 그는 여자에게 말을 걸었다. "택시가 왔어. 이제 집으로 돌아가는 거야."

"으응." 앤은 대답하고 말을 이었다. "각별한 즐거움입니다."

조의 손을 빌려 앤은 택시에 올라탔다.

"운전수에게 어디로 가야 하는지 알려주도록. 돈은 있나?"

"돈은 가지고 다니지 않아요 ……."

"알았어. 내가 지불하지." 조도 앤 옆에 올라탔다. "어디에 살고 있지?"

앤은 다시 잠들 것 같았다. 조가 깨우려고 했지만 그녀는 머리를 좌우로 흔들 뿐, 미소를 지으며 눈을 감고 있었다. 곤란하게 됐다고, 이렇게 될 줄은 몰랐다고 조는 생각했다. 하지만 달리 어쩔 도리가 없었다.

"할 수 없지." 그는 운전수에게 자기 아파트 주소를 알려주었다.

택시가 아파트에 도착하자 조는 또다시 여자를 깨우려 했다.

"이봐, 일어나란 말이야. 우리집에 도착하기는 했지만, 돈은 여유 있게 지불할 테니까. 운전수에게 주소를 가르쳐줘. 집에 데려다 주라고. 그럼 이만." 조는 그렇게 말하고 걷기 시작했다.

운전수는 자고 있는 앤을 흘끗 쳐다보고는 조의 등 뒤에서 불러 세웠다.

■ 어쩔 도리가 없다 仕方がない　■ 흘끗 쳐다보다 ちらっと見上げる

「さあ」彼は娘に声をかけた。「タクシーがきた。これで家に帰るんだ」

「うーん」と、アン。「格別の喜びです」

ジョーの手を借りて、アンはタクシーに乗り込んだ。

「運転手に行き先を教えなさい。金はあるのか」

「お金は持ち歩きません……」

「わかった。ぼくが払おう」ジョーもアンの隣に乗り込んだ。「どこに住んでるんだい？」

アンはふたたび眠ってしまいそうだった。ジョーは起こそうとしたが、彼女は頭を右に左に揺らすだけで、ほほえみながら目を閉じていた。まいったな、こんなことになるなんて、とジョーは思った。けれど、他にどうしようもなかった。

「仕方ないな」彼は運転手に自分のアパートの住所を教えた。

タクシーがアパートに着いたので、ジョーはもう一度娘を起こそうとした。

「おい、起きろよ。ぼくの家に着いたけど、余分に金を払っておくから。運転手に住所を教えてやれば、家に連れて帰ってくれるよ。じゃあ」ジョーはそう言って歩きはじめた。

運転手は眠っているアンをちらりと見て、ジョーの背中に呼びかけた。

"안 되겠는데! 손님, 택시는 침대가 아니라고! 나도 집에 돌아가야 해! 이 아가씨를 택시 안에 방치할 수는 없잖아!"

"얼굴도 모르는 사이란 말이야!" 조는 설명하려고 해보았다. "내가 돌봐줄 이유가 없어!" 그렇지만 택시 운전수는 굽힐 생각을 하지 않았기 때문에 조는 포기하고 말았다.

"알았소!" 그는 앤을 끌어당겨 택시에서 내리게 했다. 택시는 눈 깜짝할 사이에 도망쳐버렸다. 아파트 입구의 문을 열어 앤을 안에 들여보냈다. 그녀는 비몽사몽간에 걷고 있었다. 조는 앤의 몸을 받치며 계단을 올라 자그마한 방으로 들어갔다.

"여기는 벽장?" 안으로 들어설 때 앤이 물었다.

"아니야!" 조는 살짝 욱하는 기분이 들었다. "내 방이야."

"흐음 …… 각별한 즐거움입니다."

"여기 파자마야. 그 소파에서 자라고." 조가 말했다.

"이상한 일이야"라고 앤이 말했다. "남성 분과 단둘이 있는 것은 처음이야. 그래도 나는 상관없어." 그녀는 블라우스를 벗기 시작했다.

"저-기, 잠깐 커피라도 마시고 와야겠어."

"물러나도 좋네." 앤이 말했다.

"그거 감사하네." 조는 방에서 나왔다.

그 무렵 대사관에서는 백작 부인, 장군, 대사가 책상을 둘러싸고 모여 있었다. 세 사람 모두 나이트가운, 로브 차림 그대로였다. 경비원이 방에 들어와 "못 찾았습니다"라고 말했다.

♛

■ 방치하다　放置する　■ 얼굴도 모르는 사이　顔も知らない関係　■ 눈 깜짝할 사이 あっという間　■ 비몽사몽　夢うつつ　■ 욱하는 기분　むっとする気持ち

「だめだよ！　お客さん、タクシーは寝床じゃないんだ！　俺だって家に帰らなきゃ！　この娘さんをタクシーの中に置いとけないよ！」

「知り合いでもなんでもないんだ！」ジョーは説明しようとした。「ぼくが面倒を見るすじあいはない！」それでもタクシーの運転手が折れようとしないので、ジョーはあきらめた。

「わかったよ」彼はアンをひっぱってタクシーから降ろした。タクシーはあっというまに逃げて行った。アパートの入り口のドアを開け、アンを中に入れた。彼女は夢うつつで歩いていた。ジョーはアンの体を支えながら、階段を上り、こじんまりした部屋に入った。

「ここはクローゼット？」中に入ったとき、アンが尋ねた。

「違うよ！」ジョーは少しむっとした。「ぼくの部屋だ」

「ふうん……格別の喜びですわ」

「さあ、パジャマだ。その長いすで寝てくれ」ジョーは言った。

「おかしなこと」とアンが言った。「殿方と2人きりになるのは初めてよ。でも私は構わないわ」彼女はブラウスを脱ぎ始めた。

「ええと、ちょっとコーヒーでも飲んでこようかな」

「下がってよろしい」アンが言った。

「そいつはどうも」ジョーは部屋を出て行った。

そのころ大使館では、伯爵夫人、将軍、大使がそろって机を囲んでいた。3人ともナイトガウンやローブ姿のままだった。警備員が部屋に入ってきて、「見つかりません」と言った。

"정원은 찾아봤나?" 대사가 물었다.

"네, 구석구석."

"알았다. 이 일을 결코 다른 사람에게 발설해서는 안 된다. 공주가 행방불명됐다는 사실이 밖으로 흘러 나가서는 안 돼. 알아들었나?" 대사가 명령했다.

"네, 알겠습니다."

"나가도 좋네." 대사가 말하자 경비원은 방을 나갔다.

다시 세 명만 남게 되자 백작 부인과 장군, 대사는 서로의 얼굴을 쳐다보았다. 그들의 눈은 불안한 빛이 가득했다.

■ 구석구석 すみずみ, くまなく　■ 발설하다 口外する　■ 행방불명 行方不明
■ 불안한 빛이 가득하다 不安の色がみなぎる

「庭は探したのか？」大使が尋ねた。

「はい、隅から隅まで」

「わかった。このことは決して他言するな。王女が行方不明だなんて、外に漏らすわけにはいかん。わかったな？」と大使が命じた。

「はい、わかりました」

「行ってよろしい」と大使が言うと、警備員は退室した。

ふたたび3人だけになると、伯爵夫人と将軍と大使は互いに顔を見合わせた。彼らの目は不安でいっぱいだった。

제2장
신사협정

다음 날, 모든 종류의 신문 1면을 장식한 것은 공주에 대한 기사였다. "앤 공주, 급환. 모든 일정은 중지."

조는 정오의 종소리에 눈을 떴다. 깜짝 놀라 다시 한 번 책상 위에 놓여 있는 시계를 확인하고 당황해서 침대에서 뛰어내렸다.

"큰일났다! 공주의 회견이!" 조는 소리쳤다.

"으음 ……" 앤은 아직 작은 소파에서 잠든 채였다. 조는 아무 말없이, 서둘러 옷을 입고 방에서 뛰어나갔다.

조가 신문사 사무실에 도착했을 때, 상사인 헤네시는 조간을 다 읽은 참이었다.

"안녕, 조." 사무실에 들어가자 헤네시의 비서가 말을 걸어왔다.

"여어." 조는 비서의 손에서 커피를 채어들어 한 모금 마셨다.

"헤네시 씨가 찾던데." 비서가 말했다.

■ 신문 1면을 장식하다 新聞の一面を飾る　■ 조간 朝刊　■ 커피를 채어들다 コーヒーを取りあげる

第2章
紳士協定

　翌朝、ありとあらゆる新聞の一面を飾ったのは王女の記事だった。
「アン王女、急病。全日程は中止へ」

　ジョーは正午の鐘の音で目を覚ました。びっくりして、いまいち
ど机の上に置いてある時計を確認し、あわててベッドから飛び降り
た。

　「しまった！ 王女の会見が！」ジョーは叫んだ。

　「うん……」アンはまだ小さな長いすで眠ったままだった。ジョー
は何も言わずに、急いで服を着て部屋を飛び出した。

　ジョーが新聞社のオフィスにたどりついたとき、上司のヘネシー
氏は朝刊を読み終えたところだった。

　「おはよう、ジョー」オフィスに入ると、ヘネシー氏の秘書が声を
かけてきた。

　「やあ」ジョーは秘書の手からコーヒーを取りあげ、一口飲んだ。

　「ヘネシーさんが探してたわよ」と秘書が言った。

"난감하게 됐네." 그는 비서의 책상 위에 있던 빵을 집어 들어 입에 넣으며 상사의 사무실 문을 노크했다.

"들어와!" 화난 목소리가 들려왔다.

조는 비서와 불안한 시선을 나누고는 문을 열어 안으로 들어갔다.

헤네시는 책상에 앉아 있었다.

"무슨 용무라도 있습니까?" 조는 그렇게 물어봤다.

"지각이라네." 헤네시가 말했다. "출근시간은 8시 반이었을 텐데."

"아니죠, 벌써 다른 일 하나 하고 왔는 걸요."

"무슨 일 말인가?"

"공주의 회견 말이죠. 11시 45분에 있었던."

"갔다 왔다고?" 헤네시는 놀란 얼굴을 했다.

"그렇습니다. 처음부터 끝까지 듣고 왔어요."

"그랬군, 그랬다면 미안하게 됐네."

"괜찮아요." 조는 자리에서 일어나 서둘러 방을 나가려 했다.

"아니, 잠깐 기다리게." 헤네시가 불러 세웠다. "그건 그렇고 아주 흥미로운 일이야. 회견 내용을 알려주지 않겠나?" 그는 책상 위에 있던 조간으로 시선을 던졌다.

"그게 말이죠 …… 특별히 이렇다 할 만한 일은 없었습니다. 말씀 드릴 만한 일은 아무것도."

■ 난감하다 困り果てる   ■ 용무 用務

「弱ったな」彼は秘書の机の上にあったパンを手にとって、口に入れながら上司のオフィスのドアをノックした。

「入れ！」怒った声が聞こえてきた。

ジョーは秘書と不安げな視線をかわし、それからドアを開けて中に入った。

ヘネシー氏は机に座っていた。

「何かご用ですか？」ジョーはそう尋ねてみた。

「遅刻だぞ」とヘネシー氏は言った。「始業時間は8時半のはずだがね」

「いえ、もう一仕事してきたんですよ」

「どういった仕事だ？」

「王女の会見です。11時45分の」

「行ってきたのか？」ヘネシー氏は驚いた顔をした。

「そうです。はじめから終わりまで聞いてきました」

「そうか、それはすまなかったな」

「いいんですよ」ジョーは立ち上がり、急いで部屋を出ようとした。

「いや、ちょっと待ってくれ」ヘネシー氏が呼び止めた。「それにしても興味深いね。会見の内容を教えてくれないか」彼は机の上の朝刊に目をやった。

「そうですね……特に変わったことはありませんでした。お話しするようなことは何も」

"그런데 공주가 질문에 전부 대답했다는 거지? 유럽의 미래에 대해서
는 뭐라고 말씀하셨을까."

"그러니까 말이죠 ……." 조는 순간 말문이 막혔다. "밝을 거라고."

"밝을 거라고?"

"그뿐입니다."

"그렇군. 국제친선에 대한 의견은?"

"그러니까 ……" 조는 발밑을 응시했다.

"뭐라고?" 헤네시는 팔짱을 끼고는 조가 뭐라고 하는지 기다렸다.

"아이들입니다." 조가 입을 열었다. "미래를 위한 열쇠는 아이들이 쥐
고 있다고 말씀하셨습니다."

"휴우. 조, 자네는 공주에게 이렇게까지 이야기를 끌어내기 위해서 상
당히 노력을 했을 거네!" 헤네시가 말했다. "왜냐하면 공주는 오늘 새벽
3시에 몸 상태가 나빠져서 오늘 스케줄이 전부 백지가 됐으니까 말이
야!"

헤네시는 조를 향해 조간을 던졌다.

"제시간에 일어나 조간을 읽었다면 이 정도쯤은 당연히 알고 있었겠
지!" 헤네시는 호통을 쳤다. "그러니까 자네는 지각을 한 데다가 거짓말
까지 한 거로군!"

■ 말문이 막히다 言葉に詰まる ■ 국제친선 国際親善 ■ 발밑을 응시하다 足元を凝
視する ■ 백지 白紙 ■ 호통을 치다 どなりつける

　「だが、王女は質問に全部答えたんだろう？　ヨーロッパの将来に
ついてはなんとおっしゃっていたかね」

　「えーとですね……」ジョーは一瞬口ごもった。「明るいでしょう、
と」

　「明るいだと？」

　「それだけです」

　「なるほど。国際親善についての意見は？」

　「えーと……」ジョーは足元を見つめた。

　「なんだって？」ヘネシー氏は腕を組んでジョーが何か言うのを
待っていた。

　「子供たちです」ジョーが口を開いた。「未来への鍵は子供たちが
握っているとおっしゃっていました」

　「ふむ。ジョー、君は王女からこれだけの話をひきだすのに、相当
努力したんだろうね！」ヘネシー氏が言った。「なにしろ王女は今朝
の3時に具合を悪くされ、今日のスケジュールはすべて白紙になっ
たんだからな！」

　ヘネシー氏はジョーに向かって朝刊を投げつけた。

　「時間通りに起きて朝刊を読んでいれば、こんなことは知っていて
当然だがな！」ヘネシー氏は怒鳴り声をあげた。「つまり君は遅刻し
た上に、ウソまでついたというわけだ！」

조는 조간으로 시선을 떨어뜨렸다. "아아 ……." 그 밖에 입에서 아무 말도 나오지 않았다. 그리고 공주의 사진을 보았다. 조의 두 눈이 튀어나오지 않은 게 다행이었다. 그녀다! 지난 밤에 도와준, 그 골칫거리 아가씨다!

사진 속의 공주는 화려한 드레스를 입고 다이아몬드 왕관을 쓰고 있었다. 하지만 그것은 틀림없이 어젯밤에 만난 아가씨였다. 지금 이 순간도 앤 공주는 조의 방에서 자고 있다. 문득 조의 머릿속에 멋진 아이디어가 떠올랐다.

"헤네시 씨." 조가 불렀다. "진짜 공주의 인터뷰라면 얼마 정도 될까요?"

"무슨 뜻이지?" 헤네시는 여전히 화가 나 있었다.

"그러니까, 특별한 인터뷰라면 말이죠. 단순한 유럽연합의 미래 따위가 아니라. 만일 공주의 사생활이나 연애담, 장래희망, 혹은 꿈, 그런 이야기를 들을 수 있다면 얼마를 받을 수 있는 거죠?" 조는 그렇게 물었다.

"어째서 그런 걸 묻지?" 헤네시가 말했다. "그런 인터뷰가 가능할 리가 없잖아."

"어쨌든 질문에 대답해주세요. 얼마 정도 되냐니까요?"

헤네시도 더는 버틸 수 없다는 듯이 두 손을 들었다. 더 이상 말다툼을 해 봐야 별 도리가 없었다.

■ 눈이 튀어나오다 目が飛び出る　■ 골칫거리 悩みの種　■ 두 손을 들다 両手を上げる　■ 말다툼 口げんか　■ 별 도리가 없다 仕方がない

　ジョーは朝刊に目を落とした。「ああ……」それしか口にでてこなかった。それから王女の写真を見た。ジョーの両目が飛び出さんばかりになった。彼女だ！　ゆうべ助けてやった、あのへんてこな娘だ！

　写真の中の王女は、豪華なドレスを着て、ダイヤモンドの王冠をつけていた。だがそれはまぎれもなく、ゆうべ出会った娘だった。今この瞬間もアン王女はジョーの部屋で眠っているのだ。ふとジョーの頭にすばらしいアイデアが浮かんだ。

　「ヘネシーさん」ジョーが呼びかけた。「王女の本物のインタビューはいくらになりますか？」

　「どういう意味だ？」ヘネシー氏はまだ怒っていた。

　「つまり、特別なインタビューのことです。たんなる欧州連合の将来みたいなことではなく。もし王女の私生活や、恋愛話や、将来の望みや、夢や、そんな話を聞き出せたら、いくらもらえますか？」とジョーは尋ねた。

　「なぜそんなことを聞く？」ヘネシー氏が言った。「そんなインタビュー、とれっこないだろう」

　「とにかく質問に答えてください。いくらになるんです？」

　ヘネシー氏はお手上げだといわんばかりに両手をあげた。これ以上言い争っても仕方なかった。

"그렇군, 내용이 좋다면야 신문사라 해도 5000달러는 내놓겠지. 하지만 그게 가능한 놈이 어디 있겠어? 공주는 몸이 안 좋다니까!"

"짚이는 데가 있습니다. 인터뷰를 따내겠습니다. 그러면 5000달러 지불해주는 겁니다. 알았죠? 동의한다면 악수합시다." 흥분한 말투였다.

헤네시는 소리 높여 웃으며 악수했다. 웃음거리로밖에는 느껴지지 않았기 때문이다.

"알고 있겠지? 공주는 지금 병환 중이고 내일은 아테네로 떠난다는 걸?"

"물론 알고 있습니다." 조는 일을 시작하기 위해서 급히 사무실을 나가려 했다.

"잠깐 기다리게." 헤네시가 그런 조를 불러 세웠다. "내기를 해보는 게 어떤가? 공주의 인터뷰를 따내지 못한다는 쪽에 500달러를 걸겠네. 괜찮지?"

"좋아요!" 두 사람은 다시 한 번 악수했다. "하지만 제가 이길 겁니다. 그러면 당신한테 5000달러를 받고 여기를 그만두겠습니다. 편도티켓을 사서 뉴욕으로 돌아갈 거니까 말이죠!"

조는 신문을 주머니에 쑤셔 박고는 헤네시의 사무실에서 나왔다.

■ 웃음거리 物笑いの種　■ 편도티켓 片道切符　■ 쑤셔 박다 押し込む

　「そうだな、内容がよければどんな新聞社でも5000ドルは出すだろうな。しかし、そんなことができる奴はいないだろう。王女はご病気なんだぞ！」

　「つてがあるんです。インタビューをとってきますよ。そうしたら5000ドル払ってくださいね。いいですか？ よければ握手しましょう」興奮した口ぶりだった。

　ヘネシー氏は高らかに笑いながら握手をした。お笑い種としか思えなかったからだ。

　「わかっているのか？ 王女は今ご病気で、明日にはアテネに発たれるんだぞ？」

　「もちろんわかっています」ジョーは仕事にとりかかるために大急ぎで部屋を出ようとした。

　「ちょっと待て」ヘネシー氏が呼びとめた。「賭けをしようじゃないか。王女のインタビューがとれないほうに、500ドル賭ける。いいな？」

　「いいでしょう！」2人はもう一度握手した。「でもぼくが勝ちますよ。そうしたら、あなたから5000ドルをいただいてここを辞めます。片道切符を買ってニューヨークへ帰りますから！」

　ジョーは新聞をポケットにねじこむと、ヘネシー氏のオフィスから出て行った。

覚えておきたい韓国語表現

> 공주는 <u>한창</u> 유럽을 돌고 있는 중이었다. (p.30, 1-2行目)
> 王女はヨーロッパを巡っている最中だ。

【解説】「한창」は「真っ最中」「真っ盛り」の意味で使われ、ある事が最も活気にあふれている時、あるいはある状態が最も熟した時に使われる言葉です。副詞として使われる場合も、名詞として使われる場合もあります。

【例文】

① 벼가 한창 무성하게 자란다. (副詞の場合)
　 稲が盛んに育つ。

② 대학에서는 축제가 한창이다. (名詞の場合)
　 大学ではお祭りの真っ最中だ。

　※ パッチムが似ていて間違いやすい「한참」は、「しばらくの間」「時間がとっくに過ぎていること」を表す言葉です。

　　　그들은 폐허가 된 집터를 한참이나 둘러보았다.
　　　彼らは廃墟となった家の跡地をしばらくの間見回した。

> 전 세계에서 <u>지체</u> 높으신 분들이 공주의 모습을 한 번만이라도 보려고 모여들었다. (p.30, 6-7行目)
> 世界中のお偉方が王女をひとめ見ようと集っていた。

【解説】「지체」はある家や個人が所属する社会で持っている地位や身分を表す言葉で、「높다(高い)」「낮다(低い)」とともに使われる場合が多いです。日本語の「偉い」は、韓国語で「훌륭하다」「잘나다」「위대하다」「신분이 높다」「대단하다」「굉장하다」などに訳すこともできます。

【例文】

① 지체 낮은 우리들이 뭘 압니까?

身分が低い我々に何がわかるのでしょうか？

② 지체 높은 집안 출신이었지만 지금은 몰락해서 빈곤해졌다.

地位の高い家柄の出身だったが、今は没落して貧困になった。

※ 同じつづりの「지체」は、「時間を遅らせる」「ずるずる引き延ばす」という
意味の言葉です。

잠시도 지체 말고 바로 집으로 돌아가시오.

一刻も遅滞なく（直ちに）すぐ家に帰りなさい。

이들 <u>말고</u>도 몇 명인가의 남자들이 테이블에 모여 있었다. (p.36, 6-7行目)

（彼らの）他に何人かの男たちがテーブルについていた。

【解説】「말고」は名詞の後ろに付いて前述の対象を否定するか、それを除くと
いう意味を表す助詞です。

【例文】

① 아빠, 거기 말고 다른 데 가자.

パパ、そこじゃなくて他のところに行こう。

② 나 말고 그 일을 목격한 사람이 또 있습니까？

私以外にそのことを目撃した人が他にもいますか？

※ 動詞「말다」（やめる、中止する）の語幹に、語尾「고」が付いた「말고」は、あ
る動作をしている途中にそれをやめて他の行動をする時や、前述の動作を
禁止する意味で使われます。

❶ 밥 먹다가 말고 어디 가？

ご飯の途中でどこ行くの？

❷ 친구랑 싸우지 말고 사이좋게 지내라.

友達と喧嘩しないで仲良くしなさい。

覚えておきたい韓国語表現

> 어빙이 판을 휩쓸고 있었다. (p.36, 7-8行目)
> アーヴィングが勝ち続けていた。(直訳：アーヴィングが場を総なめにしていた。)

【解説】「판」はある出来事が行われた場所、またはその場面を表す言葉です。

【例文】

① 내가 모르는 사이에 판이 벌어졌다.
　　知らず知らずのうちに大騒ぎになった。

② 새로운 판에 끼어들다.
　　新しい場に割り込む。

　※「판」が依存名詞（形式名詞）として使われる場合は、前述された内容の「境遇」「状況」の意味を表します。

　❶ 사람이 죽고 사는 판에 너는 편하게 앉아 있니?
　　人が死ぬか生きるかというところに、あなたは気楽に座っているの？

　❷ 그 앞에서 대들었다간 몰매를 맞을 판이다.
　　彼の前で食ってかかったら袋叩きにあいそうだ。

> 2시 45분 장관과 면담. (p.38, 下から6行目)
> 2時45分、大臣と面会。

【解説】韓国語で「면담（面談）」は公式的に複数名が話をすることを表しますが、「면회（面会）」は一般人の出入りが制限された機関や場所（刑務所、病院、軍隊など）の許可を得て、そこの人と会うことを表します。この場面では「면회」ではなく「면담」のほうが適切です。

【例文】

① 시장은 면담이나 설문지 조사 등의 방법을 통해 주민들의 의견을 수렴하였다.

　市長は面談やアンケート調査などの方法を通じて住民たちの意見を取りまとめた。

② 이 병원은 환자의 면회가 오후 1시부터 2시까지로만 제한되어 있다.

　この病院は患者の面会が午後１時から２時までと制限されている。

조는 살짝 <u>욱하는</u> 기분이 들었다. (p.42, 11行目)
ジョーは少しむっとした。

【解説】「욱하다」は、後先をわきまえず激しく感情を高ぶらせることを表す動詞です。韓国語では単独で使われるより、後ろにそのような気持ちや性格などの名詞と一緒に使われる場合が多いです。

【例文】

① 욱하고 치밀어 오르는 감정

　かっとなってこみ上げる感情

② 욱하는 성격

　かっとなる性格

③ 괜히 시비를 거니 민호는 욱하는 기분이 들어서 한마디 할까 하다가 단장이 타이르는 바람에 그냥 참고 있었다.

　やたらと喧嘩を売っているので、ミンホはかっとなって一言言おうかと思ったが、団長がたしなめたのでそのまま我慢していた。

특별히 <u>이렇다 할 만한 일은 없었습니다.</u> (p.48, 下から2行目)
特に変わったことはありませんでした。

【解説】特に変わったことがない時、韓国語では「별일 없다」を使う場合が多いですが、日本語の「これといったことはない」という意味で「이렇다 할 만한 일은 없다」を使う場合もあります。日本語表現との差は「‐ㄹ 만한」という「（～

覚えておきたい韓国語表現

する）ほどの」の意味が含まれる点です。

【例文】

① 이렇다 할 만한 명분이 없다.
　これといった名分がない。

② 친구 생일선물을 아무리 생각해 봐도 이렇다 할 만한 게 없어.
　友達の誕生日プレゼントをいくら考えてみても、これといったものがない。

韓国人にとって 映画『ローマの休日』はどんな作品？

　映画『ローマの休日』は韓国人にとってさまざまな意味を持つ作品です。

　第一に、この映画はオードリー・ヘプバーンが主演を務め、彼女の清純で優雅なイメージを披露した代表作です。韓国で彼女は依然として多くの人々に愛されるファッションアイコンであり、永遠の憧れでもあります。彼女の魅力的な姿と演技は韓国の観客に大きな印象を残し、この映画を通じて彼女を初めて知った人もたくさんいます。

　第二に、『ローマの休日』はローマという都市を背景にしており、ロマンティックで美しいイタリアの風景を見せてくれます。この作品は多くの韓国人にローマやイタリアを魅力的な旅行地として紹介し、イタリア旅行を夢見る人々にインスピレーションを提供しました。

　第三に、この映画は日常から抜け出し、真の自由と幸せを探す話を盛り込んでおり、日常に疲れた現代人に自由な魂の価値とささやかな幸せを探すメッセージを伝えてくれます。これは多くの韓国人が共感できるテーマであり、この作品がもつメッセージは今日まで多くの人々に肯定的な影響を及ぼしています。

　第四に、『ローマの休日』はクラシック映画の魅力を再発見する機会を提供します。現代の映画とは異なる、1950年代の映画製作技法や演出スタイル、物語の展開方式などを通じて古典映画の価値と魅力を再発見することができます。

　『ローマの休日』は単なる映画のうちの一つという存在を超え、韓国人にとっても文化的、感性的に重要な意味を持つ作品として人気を博しました。

제 2 부
제3장-제4장

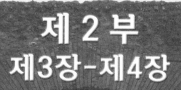

第2部
第3章-第4章

제3장
애냐, 거리로 나가다

　아파트로 돌아가자 조는 조심스러운 발걸음으로 방에 들어갔다. 공주를 깨우고 싶지 않았기 때문이다. 소파에 다가가니 공주는 파자마 차림으로 잠들어 있었다. 조는 신문을 꺼내 잠든 얼굴 옆에 사진을 펼쳤다. 역시 같은 얼굴이다.

　"마마?" 확인하려는 듯 조는 말을 걸었다. "공주 마마?"

　"응 ……." 앤은 살짝 몸을 뒤척이는 듯했으나 눈을 뜨지는 않았다. "무슨 용무라도?"

　조는 빙긋이 웃었다. '그래, 그녀야, 틀림없어.' 그는 공손히 공주를 안아 올려 ─ 이불과 베개를 통째로 ─ 침대로 옮겼다.

　"보나코 벤 선생님 ……." 앤은 아직 비몽사몽간이었다. "어젯밤에는 …… 여러 가지 꿈을, 꿨어요."

　"허어." 조가 대답했다.

　"꿈을 …… 길가에서 잠드는 꿈을, 꿨어요."

■ 파자마 차림 パジャマ姿　■ 몸을 뒤척이다 寝返りを打つ

第3章
アーニャ、街を行く

　アパートに戻ると、ジョーはしのび足で部屋に入った。王女を起こしたくなかったからだ。長いすに近づくと、王女はまだパジャマ姿のまま寝入っていた。ジョーは新聞を取りだして、寝顔の横に写真を並べた。やはり同じ顔だ。

　「殿下？」確かめようとして、ジョーは声をかけた。「王女殿下？」

　「ん……」アンはほんの少し身じろぎしたが、目は開けなかった。「何かご用？」

　ジョーはにんまりとした。そうだ、彼女だ、間違いない。彼はうやうやしく王女を抱きかかえ──毛布や枕ごと──ベッドに移した。

　「ボナコーヴェン先生……」アンはまだ夢うつつだった。「昨晩は……いろんな夢を、見ました」

　「ほう」ジョーが答えた。

　「夢を……道端で眠っている夢を、見ました」

"그리고?"

"젊은 남자가 다가와서 …… 키가 크고 늠름하고 …….."

"그래서?"

"그 사람은 말이야, 짓궂었어요." 앤은 얼굴을 찡그렸다. 그러나 금세 미소를 떠올렸다. "하지만 재밌었어!" 이윽고 앤은 눈을 뜨고 두리번두리번 주위를 살펴보는가 싶더니 튕겨 오르듯 일어났다. 그리고 앞에 있는 이불을 끌어당겼다.

"안녕!" 조가 인사했다.

"보나코 벤 선생님이 아니야!"

"누구라고? 그런 이름을 가진 사람은 모르는데."

"하지만, 나는 지금, 선생님하고 이야기하고 있었던 것 같은데?" 앤의 얼굴은 한눈에 보아도 불안해 보였다.

"아니, 이야기 같은 거 나누지 않았는데." 조는 거짓말을 했다.

"나 …… 다치기라도 했나요?"라고 말하고 공주는 이불 밑의 몸을 더듬으며 입고 있던 파자마를 바라보았다.

"아니, 아니, 괜찮아!"

"여기가 어딘지 알려주지 않으시겠어요?"

"이 비좁은 곳은 제 방입니다."

앤의 얼굴은 점점 더 어두워졌다.

■ 늠름하다 たくましい   ■ 짓궂다 意地悪だ   ■ 두리번두리번 きょろきょろ   ■ 한눈에 보아도 一目で見ても   ■ 비좁다 狭苦しい   ■ 얼굴이 어두워지다 顔が曇る

「それから？」

「若い男性がやってきて……背が高くてたくましい……」

「それで？」

「その人ったら意地悪でした」アンは顔をしかめた。けれどすぐにほほえんだ。「でも楽しかった！」ようやくアンは目を開け、きょろきょろとあたりを眺めたかと思うと、はじかれたように起き上がった。手元の毛布をたぐり寄せる。

「おはよう！」とジョーはあいさつした。

「ボナコーヴェン先生じゃないわ！」

「誰だって？ そんな名前の人は知らないなあ」

「でも、私は今、先生と話をしていたのでは？」アンの顔はみるからに不安そうだった。

「いや、話してなんかいなかったよ」ジョーはウソをついた。

「私……けがでもしたのですか？」と言って、王女は毛布の下の体を探り、着ているパジャマを見つめた。

「いやいや、大丈夫だよ！」

「ここがどこなのか教えていただけますか？」

「この狭苦しいところは、ぼくの部屋ですよ」

アンの顔がますますくもった。

"완력으로 저를 여기로 데려온 건가요?"

"그럴 리가!" 조가 말했다. "진심을 말하자면, 나는 어젯밤 당신을 여기로 데려오고 싶지 않았소."

"그렇다는 말은, 내가 밤새도록 여기에?"

"으응."

"그 말은 즉, 당신하고 밤새 함께였다고?"

"뭐, 그건 그렇지만 …… 물론 각자 다른 침대에서였지만." 이번에는 조가 침착할 수가 없었다.

앤은 조를 지긋이 바라보았다. 이 사람을 믿어보자, 그렇게 마음을 먹었다. 그 순간 그녀는 소리 내어 웃었다. 그리고 한 손을 조에게 내밀었다.

"처음 뵙겠습니다." 앤은 말했다. "이름은?"

"처음 뵙겠습니다." 조는 그녀의 손을 잡으며 말했다. "이름은 조. 조 브래들리."

"만나서 반가워요. 앉도록 하세요."

"고맙군. 당신 이름은?" 조가 물었다.

"…… 애냐라고 불러도 좋아요. 지금 몇 시쯤 됐을까요?"

"어, 1시 반이 됐나."

"1시 반이라고!" 앤은 침대에서 뛰어내려 문을 향했다. "옷 갈아입고 이제 가봐야겠어!"

"그렇게 서두르지 않아도 될 것 같은데." 조가 막았다. "시간은 충분하니까."

♛
■ 침착하다 落ち着いている　■ 지긋이 바라보다 じっと見つめる

「力ずくで私をここへ連れてきたのですか？」

「とんでもない！」ジョーが言った。「本当のところ、ぼくは夕べ、君をここに連れてきたくはなかったんだ」

「ということは、私は一晩中ここに？」

「ああ」

「つまり、あなたと一晩過ごしたと？」

「まあ、そうなんだが……もちろん別々のベッドでだよ」今度はジョーのほうが落ち着かなくなった。

アンはジョーをじっと見つめた。この人を信じてみよう、そう心に決めると、とたんに彼女は笑い声をあげた。そして片手をジョーへ差し出した。

「はじめまして」とアンは言った。「お名前は？」

「はじめまして」ジョーは彼女の手を握りながら言った。「名前はジョー。ジョー・ブラッドリー」

「お会いできてうれしいわ。お座りになって」

「ありがとう。君の名前は？」ジョーが尋ねた。

「……アーニャと呼んでもよろしくてよ。今、何時でしょう？」

「ああ、1時半かな」

「1時半ですって！」アンはベッドから飛び降りて、ドアへ向かった。「着替えて、もう行かなくては！」

「そんなに急がなくてもいいだろう」ジョーがとめた。「時間はたっぷりある」

"아니요! 없어요! 오늘은 스케줄이 빡빡하단 말이에요!"

"자, 물에 몸이라도 담근 후에 준비하면 돼. 욕실은 이쪽이야." 조는 욕실에 들어가 욕조에 따뜻한 물을 채웠다. 앤은 이불을 몸에 둘둘 만 채로 욕실로 들어왔다.

"고마워요"라고 말하고 욕실 문을 닫았다.

그 순간 조는 전화를 향해 계단을 뛰어내려 어빙 래도비치에게 전화를 걸었다.

조에게서 전화가 걸려왔을 때, 어빙은 자기 집에서 미인 모델의 사진을 찍고 있었다.

"어빙인가! 조인데. 잘 들어, 어비, 5분 안에 우리집에 와주지 않겠나?" 조는 운을 뗐다.

"조, 지금은 다른 일이 있어서." 어빙이 모델에게 시선을 돌리자 모델은 손가락으로 키스를 날렸다. 어빙은 히죽 웃었다. "아무 데도 못 갈 것 같은데."

"잘 들어, 어빙, 중요한 일이라네. 자네 도움이 필요해. 그런데 여기에서는 자세한 얘기는 할 수가 없어. 주위에 사람이 너무 많고 아무에게도 들려주고 싶지 않으니까"라고 조가 말했다. "부탁이야, 와주는 것만으로도 좋아. 톱기사를 쓰려고 하는데 거기에는 사진이 필요하단 말이야!"

"안됐네, 조. 나는 바빠. 게다가 30분 후에는 '록카'에서 프란체스카를 만나기로 했단 말이지."

♔

■ 스케줄이 빡빡하다　スケジュールがきつい　■ 물에 몸을 담그다　お風呂に浸かる
■ 운을 떼다　話を切り出す　■ 히죽 웃다　にやりと笑う　■ 톱기사　トップ記事

「いいえ！ ありません！ 今日はスケジュールがいっぱいなの！」

「まあ、風呂にでも入って支度をすればいい。バスルームはここだ」ジョーはバスルームに入って、浴槽にお湯を入れた。アンは毛布を体に巻きつけたまま、バスルームにやってきた。

「ありがとう」と言うと、バスルームのドアを閉めた。

そのとたん、ジョーは電話をめざして階段を駆け下り、アーヴィング・ラドヴィッチに電話をかけた。

ジョーから電話がかかってきたとき、アーヴィングは自宅で美人モデルの写真を撮っているところだった。

「アーヴィングか！ ジョーだ。聞いてくれ、アーヴ、5分でうちまで来れないか？」とジョーは話を切り出した。

「ジョー、今ちょっと手が離せないんだよ」アーヴィングがモデルに目をやると、モデルは投げキッスを送った。アーヴィングはにやりと笑った。「どこにも行けそうにないな」

「いいか、アーヴィング、重大な用があって、お前の助けを借りたいんだ。ただ、ここでは詳しいことが言えない。まわりに人が多すぎるし、誰にも聞かれたくない」とジョーが言った。「たのむ、来てくれるだけでいいんだ。トップ記事を書こうとしているんだが、それには写真が必要なんだよ！」

「悪いな、ジョー。俺は忙しいんだ。それに30分後には、『ロッカ』でフランチェスカと会うことになってるし──」

마침 그때 조의 방에서 비명 소리가 들렸다. 그는 수화기를 던져 놓고 계단을 뛰어올라갔다.

거기에는 목욕 타월을 몸에 두르고, 집안 일을 해주는 여성과 마주선 앤의 모습이 있었다.

"이 여성이 무단으로 욕실에 들어왔어요!" 앤이 소리를 높여 말했다.

"맞아, 그녀에게는 청소를 부탁했지. 용서해주렴." 조는 여성의 팔을 잡아 방에서 데려 나갔다. 그리고 "나중에 다시 와줘"라고 말했다. 조가 방으로 돌아오자 앤은 옷을 입고 발코니에 서서 거리를 내려다보고 있었다.

"저기에 있는 사람들을 봐! 이런 데서 살면 즐거울 거야." 앤은 그렇게 말했다. "하지만 이제 가야 해. 이런저런 것들, 고마웠습니다."

"아직 괜찮지 않아!"

"가야 해요. 시간이 없어요."

"그럼, 바래다주지." 조는 순순히 물러섰다.

"아니요, 괜찮아요. 혼자 갈 수 있어요." 조는 문 앞까지 바래다주었다. 그때 갑자기 그녀가 조를 향해 돌아섰다.

"미안해요. 돈을 조금 빌려주실래요?"

"지난 밤에도 그랬지. 돈을 갖고 다니지 않는다고 했지?" 조는 그렇게 말했다.

"네에." 앤은 살짝 미소를 머금고 있었다. "안타깝게도요."

■ 무단으로 無断で ■ 바래다주다 送り届ける

　ちょうどそのとき、ジョーの部屋から悲鳴があがった。彼は受話器を放り投げ、階段を駆け上がった。

　そこには、バスタオルを体に巻きつけて、下働きの女性と向かい合っているアンの姿があった。

　「この女性が無断でバスルームに入ってきたんです！」アンが声をあげた。

　「ああ、彼女には掃除をお願いしてるんだ。許してやってくれ」ジョーは下働きの女性の腕をとって部屋から連れ出した。そして「あとでまた来てくれ」と言った。ジョーが部屋に戻ると、アンは服を着てバルコニーに立ち、街を見下ろしていた。

　「あそこにいる人たちを見て！　こんなところで暮らせたら楽しいでしょうね」アンがそう口にした。「でも、もう行かないと。いろいろとありがとうございました」

　「まだいいじゃないか！」

　「行かなくてはなりません。時間がないのです」

　「じゃあ、送っていくよ」ジョーはくいさがった。

　「いいえ、結構よ。一人で帰れます」ジョーはドアのところまで見送った。ふいに、彼女がジョーのほうへ向き直った。

　「ごめんなさい。少しお金を貸してくださる？」

　「夕べもそうだったな。金を持ち歩かないんだっけ？」とジョーが言った。

　「ええ」アンは少しばかり、はにかんでいた。「残念ながら」

"알았어. 자, 여기." 조는 1000리라를 건넸다.

"꼭 갚겠습니다. 이곳 주소를 보내주시면요." 앤은 말했다. "정말 고마워요. 조 브래들리 씨. 안녕히 계세요."

"잘 가요." 조는 문을 닫았다. 그리고 창가로 달려가 그녀가 아파트에서 나가는 것을 지켜보았다.

앤은 곧바로 거리로 나갔다. 거기에서 문득 발걸음을 멈췄다. 어디로 가야 할지 알 수가 없었던 것이다. 그러나 이내 갈 곳을 정한 듯 걷기 시작했다. 처음에는 부산하게 지나가는 사람들에게 놀라 어쩔 바를 몰라 하는 듯했다. 하지만 금세 그런 분위기를 즐기기 시작했다.

앤이 걷기 시작하자 조는 아파트에서 거리로 달려나갔다. 시선은 줄곧 그녀를 쫓으면서 뒤를 따라갔다.

앤은 진열대를 쳐다보다가 미소를 짓고는 가게 앞을 지나치곤 했다. 그리고 어떤 가게 앞에서 발걸음을 멈추고 안으로 들어갔다. 그곳은 이발소였다. 조는 가게로 다가가 유리 벽 너머 안을 들여다보았다. 조가 지켜보는 가운데 앤은 의자에 앉아 어느 정도 길이가 좋은지 이발사에게 전했다.

"이 정도로." 앤은 긴 머리를 어깨 부근까지 들어올렸다.

"그렇게 짧게?" 이탈리아인인 이발사가 물었다.

"네, 싹둑 잘라주세요."

이발사가 머리카락을 자르고 나자 앤은 만족스러운 얼굴을 했다. 머리카락은 꽤 짧아져 있었다.

■ 지켜보다 見守る　■ 부산하게 지나가다 慌ただしく通り過ぎる　■ 진열대 陳列台
■ 어깨 부근 肩のあたり

「わかってる。ほら、どうぞ」ジョーは1000リラを手渡した。

「必ずお返しします。ここの住所に送りますから」アンが言った。「本当にありがとう、ジョー・ブラッドリーさん。さようなら」

「さようなら」ジョーはドアを閉めた。それから窓へ駆け寄って、彼女がアパートから出て行くのを見守った。

アンはすぐに通りに出た。そこで一瞬足をとめた。どっちに行けばいいのか分からないのだ。だがすぐに行き先を選んで歩き出した。はじめのうちは、せわしない人々におっかなびっくりといった様子だった。でもじきに、その雰囲気を楽しみはじめた。

アンが歩きはじめると、ジョーはアパートから通りへ走り出た。ずっと彼女を見つめながら後を追った。

アンはウィンドウをのぞきこんではほほえんで、店先を通り過ぎていった。そして、ある店の前で足をとめると、中に入っていった。そこは理髪店だった。ジョーは店に近づいて、ウィンドウ越しに中をのぞきこんだ。ジョーが見守るなか、アンは椅子に座り、どのくらいの長さにしてほしいかを理髪師に伝えた。

「このくらいに」アンはロングヘアーを肩のあたりまで持ち上げた。

「そんなに短く？」イタリア人の理髪師が尋ねた。

「ええ、ばっさり切ってちょうだい」

理髪師が髪を切り終えると、アンは満足げな顔をした。髪はかなり短くなっていた。

"매우 아름다워. 쇼트 헤어가 잘 어울려." 이발사가 말했다.

"고마워요." 감사의 말을 건네고 앤은 요금을 지불했다.
"오늘밤, 춤추러 오지 않을래?" 이발사가 청했다. "강 옆에서 댄스파티가 열리는데, 음악이 흐르고 달빛이 비치지. 즐거운 밤이 될 거예요!"

"정말 즐겁겠네요. 갈 수 있으면 좋겠지만, 안 돼요." 앤은 말했다. '안녕!'
앤은 가게에서 나왔다. 조는 다른 쪽을 보면서 얼굴은 한 손으로 가리고 몸을 숨겼다. 앤은 그가 있다는 걸 눈치채지 못했다.
"고마워요!" 이발사에게 인사를 하고 그녀는 걷기 시작했다.
"마음이 바뀌면 말이지, 댄스파티는 산탄젤로 성이 있는 데서 해요. 9시에 나도 갈 거라고!" 이발사는 뒤에서 소리쳤다.
다음에 앤 공주가 발걸음을 옮긴 곳은 신발가게였다. 딱 한 켤레 신어보고는 그것을 샀다. 그런 후에 젤라토를 파는 가게로 다가갔다. 조는 그 모습을 뒤쫓았다. 그녀는 젤라토를 산 후에 유명한 스페인 계단까지 걸어갔다. 과일을 쌓은 손수레 그늘에서 조는 그녀를 가만히 쳐다보았다.

앤은 계단에 앉아서 젤라토를 먹기 시작했다. 지나가는 사람들을 바라보며 거리에서 보내는 시간을 즐기고 있었다. 지금이 기회라고, 조는 생각했다.

■ 달빛이 비치다 月の光がさす ■ 발걸음을 옮기다 足を運ぶ ■ 거리에서 보내는 시간 街で過ごす時間

「とてもきれいだ。ショートヘアがよくお似合いだよ」と理髪師が言った。

「ありがとう」お礼を言って、アンは代金を支払った。

「今夜、踊りにこないかい?」理髪師が誘った。「川のそばでダンスパーティーがあるんだ。音楽に、月明かり。楽しい夜になるはずだよ!」

「本当に楽しそう。行ければいいんだけど、だめなの」アンは言った。「さようなら!」

アンが店から出てきた。ジョーはあらぬほうを見て顔を片手で覆いながら、身を隠した。アンは彼に気づかなかった。

「ありがとう!」理髪師にあいさつして、彼女は歩きはじめた。

「気が変わったらさ、ダンスパーティーはサンタンジェロ城のところだよ。9時にぼくは行ってるから!」理髪師は後ろから呼びかけた。

次にアン王女が足を向けたのは靴屋だった。一足だけためし履きして、それを買った。それからジェラート売りに近寄った。ジョーはその姿を追い続けた。彼女はジェラートを買うと、有名なスペイン階段まで歩いて行った。果物を積んだカートの陰から、ジョーは彼女をじっと見つめた。

アンは階段に座り、ジェラートを食べはじめた。通り過ぎる人々を眺め、街中で過ごす時間を楽しんでいた。今がチャンスだ、ジョーはそう思った。

손수레 그늘에서 나와 흔들흔들 산책하는 척을 했다. 앤 옆을 스쳐지
나갈 즈음에 마치 막 알아챈 듯한 얼굴로 그녀를 보았다.

"아니, 이런." 조는 자못 놀란 듯 말을 걸었다. "또 만났네!"

앤은 고개를 들어 그를 보자 방긋 웃었다.

"어머, 조 브래들리 씨."

"머리를 잘랐네. 못 알아볼 뻔했어!"

"네! 잘 어울리려나?"

"아주. 그래서 아침에 그렇게 서둘렀던 건가? 머리를 자르려고?" 조가
물었다.

"아니요, 나는 …… 미안해요. 당신한테 고백해야 할 게 있어요." 앤이
말했다.

"뭐지?"

"저 …… 지난 밤에 학교에서 도망쳐 나왔어요. 처음에는 한두 시간 정
도 있다가 돌아가려고 했는데 잠드는 주사를 맞아서 …….."

"그랬었군." 조는 말했다.

"어쨌든 학교로 돌아가야 해요."

"이건 어떨까, 돌아가기 전에 조금은 자유를 맛보는 것도 괜찮지 않을
까?"

"그러고 싶어요. 앞으로 1시간 정도밖에 없지만."

"1시간이라고? 하루 꼬박 정도라면 몰라도." 조는 그렇게 종용했다.

"전부터 하고 싶었던 걸 전부 할 수 있으면 좋겠어!" 앤이 말했다.

♛
■ 산책하는 척을 하다 散歩しているふりをする　■ 못 알아볼 뻔하다 見違えるところ
だった　■ 고백하다 告白する　■ 자유를 맛보다 自由を味わう　■ 종용하다 促す

　カートの陰から出て、ぶらぶら散歩しているふりをした。アンの横を通り過ぎたとき、初めて気づいたような顔で彼女を見た。
　「おやおや」ジョーはいかにも驚いたふうに声をかけた。「また会ったね！」
　アンは顔をあげて彼を見ると、にっこりと笑った。
　「あら、ジョー・ブラッドリーさん」
　「髪を切ったのかい？　見違えたね！」
　「ええ。似合うかしら？」
　「とても。だから今朝はあんなに急いでたのかな？　髪を切るためだったんだね？」ジョーが尋ねた。
　「いいえ、私……ごめんなさい。あなたに打ち明けなくてはならないことがあって」アンが言った。
　「なんだい？」
　「私……ゆうべ学校から逃げ出したんです。最初は1時間か2時間くらいで戻るつもりだったのに。眠くなる注射を打たれたので……」
　「なるほど」ジョーは言った。
　「とにかく、学校に戻らなくちゃ」
　「どうだろう、戻る前に少しは自由を味わってみてもいいんじゃないか？」
　「そうしてみたいわ。あと1時間くらいしかないけれど」
　「1時間だって？　丸1日はとらないと」ジョーはそう促した。
　「ずっとしてみたかったことが全部できたらいいのに！」アンが言った。

"예를 들면?"

"그래, 여러 가지가 있어요! 오픈테라스가 있는 레스토랑에서 식사를 한다거나 윈도우쇼핑을 하기도 하고 비가 오는 거리를 걸어본다거나!"

조는 새파란 하늘을 올려다보았다. 비는 무리가 있을 듯했다.

"즐거운 일을 해보고 싶어요. 조금이라도 좋으니까 두근거려 보고 싶어요. 분명 당신한테는 별 거 아닌 일일 테지만 말이에요."

"아니, 즐거울 것 같은데! 모조리 해보지 않겠어? 둘이서."

"하지만 직장은요?" 앤이 물었다.

"직장? 그런 거 없어! 오늘은 쉬는 날로 정하자고! 처음 소원은 오픈테라스가 있는 레스토랑이었나? 좋은 가게를 알고 있지. '록카'라는 가게야."

■ 두근거리다 ワクワクする　■ 모조리 ことごとく

「たとえば？」

「そう、いろんなことです！　オープンテラスのレストランで食事
したり、ウィンドウショッピングをしてみたり、雨の中を歩いてみ
たり！」

　ジョーは真っ青な空を見上げた。雨はムリだな、と思った。

「楽しいことをしてみたいんです。ちょっとでいいからワクワクし
てみたい。きっと、あなたにとってはたいしたことじゃないんでし
ょうね」

「いや、楽しそうだ！　片っ端からやってみないか、2人で」

「でもお仕事は？」アンが尋ねた。

「仕事？　そんなのなし！　今日は休日にしよう！　最初の願いは、オ
ープンテラスのレストランだったね？　いい店を知ってるんだ。『ロ
ッカ』という店だ」

제4장
세 친구

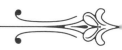

　앤과 조는 걸어서 '록카'에 가서 테이블 자리에 앉았다. 거리를 지나다니는 사람과 차를 바라보는 앤. 조는 샴페인을 주문했다. 이윽고 어빙이 레스토랑으로 들어오는 게 보였다.

　"어빙!" 조는 말을 건네면서 친구를 향해 걸어갔다. "만나서 반갑네! 이쪽에 함께 앉지."

　어빙은 앤과 조의 테이블로 다가왔다.

　"애냐, 내 친구 어빙 래도비치야. 어빙, 이쪽은 애냐." 조가 소개를 했다.

　"애냐 ……?" 어빙은 악수를 하며 물었다.

　"스미스예요." 앤이 대답했다.

　"잘 부탁해요, 스미티." 어빙이 농담조로 말하자 앤은 웃었다. 앤은 새로운 이름이 마음에 들었다.

　어빙이 "당신, 누군가 똑 닮았다는 얘기를 듣지 않나—"라고 말하는데 조가 테이블 밑에서 다리를 찼다.

　■ 주문하다 注文する　■ 농담조로 말하다 冗談交じりに言う　■ 똑 닮다 寸分たがわず似ている

第4章
3人の友達

　アンとジョーは歩いて「ロッカ」にいき、テーブル席に座った。通りを行き交う人や車を眺めるアン。ジョーはシャンパンを注文した。やがて、アーヴィングがレストランに入ってくるのが見えた。

　「アーヴィング！」ジョーは声をかけ、友人の方へ歩いていった。「会えて嬉しいよ！　こっちで一緒に座ろう」

　アーヴィングはアンとジョーのテーブルについた。

　「アーニャ、ぼくの親友のアーヴィング・ラドヴィッチだ。アーヴィング、こちらはアーニャ」ジョーは紹介した。

　「アーニャ……？」アーヴィングは握手しながら聞いた。

　「スミスです」アンは答えた。

　「よろしく、スミティ」アーヴィングが冗談めかして言うと、アンは笑った。アンは新しい名前が気に入った。

　アーヴィングは「きみ、誰かにそっくりだって言われないかい——」と言いかけて、ジョーにテーブルの下で足を蹴られた。

"아야!" 어빙이 소리쳤다. 조가 자신이 사라졌으면 한다고 생각했는지 자리에서 일어섰다.

"그럼, 나는 이제 가야겠어"라고 어빙이 말했다.

"뭐라고, 아직 가지 말아줘!" 조는 그렇게 말하며 친구를 다시 자리에 앉혔다. "괜찮으니까 아직 있어 달라고."

어빙은 난처했다. 조의 얼굴을 보고 답을 찾아보려고 했으나 조는 웃음으로 답할 뿐이었다.

"그럼, 프란체스카가 여기 올 때까지 있도록 하지." 어빙이 말했다.

"제발 그래줘. 이제 곧 웨이터가 마실 걸 가져올 거야."

웨이터가 마실 것을 가져왔다. 어빙은 잔을 들었다.

"건배, 스미티." 어빙은 웃으며 말했다. "우와, 당신 머리가 조금만 더 길었더라면 정말 판박인데, 저—"

다시 조가 테이블 밑에서 찼다. 이번에는 너무 세게 차서 어빙이 의자에서 떨어지고 말았다.

"어머!" 앤은 놀라서 소리쳤다.

"무슨 짓이야, 조." 어빙이 고함을 질렀다.

조는 친구에게 다가가 일으켜 세웠다.

"어디 다친 것 같은데." 조는 어빙의 목을 보면서 말했다. "치료를 하지."

♔

■ 난처하다 困る　■ 판박이 瓜二つ, そっくりさん　■ 고함을 지르다 大声を張り上げる

84

　「いたっ！」アーヴィングは声をあげた。ジョーが自分に消えてほしがっているのかと思い、席を立った。

　「さて、ぼくはもう行かないと」とアーヴィングは言った。

　「なんだ、まだ行かないでくれよ！」ジョーはそう言って、友人をまた座らせた。「いいから、まだいてくれって」

　アーヴィングは困惑した。ジョーの顔を見て答えを探ろうとしたが、ジョーは笑みを返すだけだ。

　「じゃあ、フランチェスカがここに来るまでいるよ」とアーヴィングは言った。

　「ぜひそうしてくれ。もうすぐウェイターが飲み物を持ってくるはずだ」

　ウェイターが飲み物を運んできた。アーヴィングはグラスをかかげた。

　「乾杯、スミティ」アーヴィングは笑顔で言った。「いやぁ、きみの髪がもう少し長ければ本当にそっくりだよ、あの──」

　また、ジョーがテーブルの下で蹴った。今度は強く蹴りすぎて、アーヴィングは椅子から落ちてしまった。

　「まあ！」アンはびっくりして叫んだ。

　「何するんだよ、ジョー」アーヴィングはわめいた。

　ジョーは友人に駆け寄り、立ち上がらせた。

　「怪我をしてしまったみたいだな」ジョーはアーヴィングの首を見ながら言った。「手当てをしよう」

조는 친구의 목을 꽉 잡고 테이블에서 떨어져 나왔다. 앤에게서 충분히 멀어지자 조는 어빙을 풀어주었다.

"도대체 뭐하는 짓이야?" 어빙이 화를 내며 따졌다.

"들어봐, 어빙. 5000달러를 손에 넣을 수 있다면 어떻게 하겠나?" 조는 그렇게 물었다. 어빙은 그 순간 조용해졌고 얼굴 표정은 진지해졌다.

"5000달러?"

"그렇다니까. 그녀는 내가 신문기자라는 걸 몰라. 이건 내 기자 인생에서 최고의 특종이라네, 어빙! 여기에 사진이 빠지면 되겠나?" 조는 말했다. 어빙의 눈이 동그래졌다.

"그렇다는 말은 저 여자가 정말 앤 공주라는 거야?"

"그래. 오늘 내 일을 도와준다면 보수의 25퍼센트를 지불하지."

"좋아, 그렇게 하자고!" 어빙과 조는 악수를 나눴다.

"그래서 오늘은 예의 그 몰래카메라를 가지고 있나?"

"물론이지." 어빙이 말하며 주머니에서 라이터를 꺼냈다. 그 안에 카메라가 숨겨져 있었다.

"좋았어, 즉시 일을 시작하지!" 조가 말했다. 두 사람은 테이블로 돌아갔다.

"목은 이제 괜찮은 건가요?" 앤이 물었다.

♔♔♔♔♔
■ 따지다 問い詰める　■ 진지해지다 真剣になる　■ 특종 特ダネ　■ 눈이 동그래지다 目が丸くなる　■ 몰래카메라 隠しカメラ

　ジョーは友人の首をがっしりつかみ、テーブルから引き離した。アンからじゅうぶんに離れると、ジョーはアーヴィングを放した。
　「いったいどうなってるんだ？」アーヴィングは怒って問い詰めた。
　「いいか、アーヴィング。5000ドル手に入るとしたらどうする？」ジョーは聞いた。アーヴィングはとたんに静かになり、真剣な顔になった。
　「5000ドルだって？」
　「ああ。彼女はぼくが新聞記者とは知らない。これはぼくの記者人生最大の特ダネだよ、アーヴィング！ それには写真がないと！」ジョーは言った。アーヴィングは目を丸くした。
　「ということは、あの娘は本当にアン王女なのか？」
　「そうだ。今日、ぼくの仕事を手伝ってくれたら、報酬の25パーセントを払う」
　「それで決まりだ！」アーヴィングとジョーは握手を交わした。
　「で、今日はあの隠しカメラをもってるのか？」
　「もちろん」アーヴィングは言って、ポケットから煙草のライターを取りだした。その中に、カメラが隠されているのだ。
　「よし、さっそく仕事にかかろう！」ジョーは言った。2人はテーブルに戻った。
　「首はもうよろしいんですか？」アンが聞いた。

"어, 조가 봐줬으니까. 아무렇지도 않아." 어빙이 대답했다. 다시 모두 자리에 앉자 어빙은 주머니에서 담배를 꺼냈다.

"당신도 피우나?" 어빙이 앤에게 물었다.
"좋아요, 주세요." 앤은 담배를 한 대 집어 들었다. 어빙은 카메라가 달린 라이터로 불을 붙이며 눈치채지 못하게 그녀의 사진을 찍었다.

"담배를 피우다니 난생 처음이야!" 앤이 말했다.
"그럼, 오늘은 뭘 하지!" 조가 물었다. "계획표라도 만들어볼까?"

"안 돼요. 계획표만은 말아줘요." 앤이 말했다. "우선 밖으로 나가봐요."
세 친구는 그러기로 하고 자리에서 일어섰다. 마침 그때 프란체스카가 '록카'에 들어와 어빙을 찾았다.

"미안, 허니~" 어빙은 당황해서 말을 건넸다. "지금부터 일을 해야 해. 나중에 보자고!"
어빙은 앤과 조와 함께 레스토랑을 나왔다.
같은 시간, 장군과 백작 부인, 대사는 거리의 건너편에 있는 공항에 있었다. 비행기에서 검은 양복에 검은 모자를 쓴 남자들이 우르르 내렸다. 대사는 매우 불안해하는 듯했다.
"이들이 무사히 임무를 완수해주면 좋겠는데 말이죠." 대사가 말했다.
"반드시 공주를 찾아내겠습니다." 장군이 말했다. "걱정 거두시길."

♚♛♚

■ 난생 처음 生まれて初めて　　■ 당황하다 慌てふためく　　■ 우르르 どかどかと
■ 걱정을 거두다 心配を抑える

「ああ、ジョーが見てくれたから。何ともない」アーヴィングは答えた。また全員が腰をおろすと、アーヴィングは煙草をポケットから出した。

「きみも吸うかい?」アーヴィングはアンに聞いた。

「ええ、いただくわ」アンは煙草を1本取った。アーヴィングはカメラ付きのライターで火をつけてやり、気づかれずに彼女の写真を撮った。

「煙草を吸うなんて生まれて初めて!」アンは言った。

「さて、今日は何をしよう?」ジョーが聞いた。「予定表でも作ろうか?」

「だめよ! 予定表だけはやめましょう」アンは言った。「とにかく外に出てみましょうよ」

3人の友達はそうすることに決め、立ち上がった。ちょうどそのとき、フランチェスカが「ロッカ」に入ってきてアーヴィングの姿を探した。

「ごめん、ハニー」アーヴィングはあわてて声をかけた。「これから仕事なんだ。あとで会おう!」

アーヴィングはアンとジョーと一緒にレストランを出た。

同じころ、将軍、伯爵夫人、大使は、街の向こうの空港にいた。飛行機から、黒いスーツに黒い帽子の男たちが大勢降りてくる。大使はひどく不安そうにしている。

「彼らが無事に任務を遂げてくれればいいのですが」大使は言った。

「必ずや王女を見つけ出します」将軍は言った。「ご心配なく」

覚えておきたい韓国語表現

그 사람은 말이야, 짓궂었어요. (p.66, 4行目)
その人ったら意地悪でした。

【解説】「말이야」は相手の注意を引いたり、前述の対象を強調するために使う言葉です。名詞「말」に叙述助詞「이다」が付いて作られた言葉で、「말이지」も使われます。

【例文】

① 내가 말이지 어제 낚시를 갔는데 말이지.
   私がね、昨日釣りに行ったんだけどね。

② 저 아이는 말이야 부모의 말 같은 건 조금도 듣지 않으니까.
   あの子ったら親の言うことなんか、ちっとも聞かないんだから。

앤의 얼굴은 한눈에 보아도 불안해 보였다. (p.66, 下から9-8行目)
アンの顔はみるからに不安そうだった。

【解説】「보이다」は、動詞「보다」の語幹に受身の接辞「이」が付いた形で、語尾「-아/어」の後ろで状況やもの、人が「(ある状況や状態に)見える」という意味で使われます。相手の感情を予測するような表現なので、日本語では「〜そうだ」「〜らしい」などと訳されます。

【例文】

① 오늘 결혼한 동생 부부는 행복해 보였다.
   今日結婚した弟夫婦は幸せそうだった。

② 지난 밤 철야를 했는지 그 사람은 매우 피곤해 보였다.
   昨夜徹夜したのか、その人はとても疲れているように見えた。

③ 아무리 감정을 가지려고 해도 그는 단순한 남자 후배로만 보였다.

いくら感情を持とうとしても、彼は単なる男の後輩にしか見えなかった。

안 돼요, 계획표만은 말아줘요. （p.88, 8行目）
だめよ！　予定表だけはやめましょう。

【解説】「말다」は、前述の内容や行動をやめさせるために使う言葉で、「禁止」を表します。動詞の後ろに付いて「-지 말다」の形でも使われ、ある言動は「やめて」という意味で使われます。

【例文】

① 헤어지자는 말은 말아줘요.

別れようとは言わないでください。

② 나만 알겠으니 소문내지 말아줘요.

私だけが知っておくから噂を立てないでください。

나중에 보자고! （p.88, 下から7行目）
あとで会おう！

【解説】「-자고」は動詞の語幹に付いて、同い年や目下の人に何かをしようと誘う時に使います。「-고」は、ため口で終わらせる表現で、また違う文が続くかのような余韻を残し、優しいニュアンスを加える語尾です。

【例文】

① 그러지 말고, 다시 한 번 도전해 보자고.

そうしないで、もう一度挑戦してみよう。

② 시험 끝나고 웃는 얼굴로 보자고.

試験が終わって笑顔で会おう。

覚えておきたい韓国語表現

※ 韓国語では「보다」が、❶「会う」という意味の動詞と、❷「試す、～して みる」という意味の補助動詞として使われています。

❶ 우리는 이제 볼 일이 없었으면 좋겠다.
　 私たちはもう会うことがなかったらいいな。

❷ 그 일을 내가 해 봐도 될까?
　 その仕事を私がやってみてもいい？

韓国人にとって "オードリー・ヘプバーン"はどんな存在？

　オードリー・ヘプバーンは、韓国の人々にエレガンス、洗練、そして美の象徴として深い印象を与えた女優です。彼女は映画『ローマの休日』をはじめ、『ティファニーで朝食を』、『マイ・フェア・レディ』、『麗しのサブリナ』など、さまざまな作品で卓越した演技力とともに、彼女ならではのユニークな魅力を放ちました。

　ヘプバーンのイメージは、彼女の独自のスタイルとファッションセンス、そして彼女が持つ内面の温かさと謙虚さから生まれています。彼女の時代を超越した美しさと品位のある態度は、多くの韓国の人々にとって、ロマンティックで堂々とした女性像の理想的なモデルと見なされるようになりました。作品内外で見せた数々の着こなしによって、ヘプバーンは今なお多くのデザイナーや視聴者にとってのミューズであり続けています。

　また、ヘプバーンは後半生の多くの時間を国連児童基金（ユニセフ：UNICEF）親善大使としての人道的な活動に捧げ、さらに尊敬される人物となりました。彼女自身が、第二次世界大戦後にユニセフの援助によって救われた子どもの一人であったことから、自らの経験を語るとともに世界中を視察し、活動の意義を訴え続けました。このような活動は彼女のイメージに深い印象を残し、単なる映画スターを超えて、影響力のある人物として韓国の人々に記憶されています。

　オードリー・ヘプバーンは一人の映画女優としてだけでなく、彼女の人柄、スタイル、そして社会への貢献を通じて、韓国の人々にポジティブなインスピレーションを与える存在として愛され続けているのです。

제 3 부
제5장 - 제6장

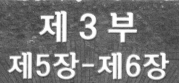

第3部
第5章 - 第6章

제5장
로마 관광

　조는 스쿠터 뒤에 앤을 태우고 콜로세움 주변을 달렸다. 그 뒤를 어빙이 오픈카로 따랐다. 앤은 여기저기 명소를 보면서 미소를 떠올렸다. 세 사람은 콜로세움에 들러서 그 안을 둘러보았다. 그리고 다시 드라이브를 했다. 어빙은 조와 함께 스쿠터에 탄 앤의 모습을 카메라에 담았다. 도중에 몇 번인가 차의 균형을 잃을 뻔했다.

　차가 많은 교차로에서 조와 앤이 경찰에게 저지당했다. 조는 경찰과 이야기하기 위해서 스쿠터에서 내렸다. 그 사이에 앤은 어떤 느낌일까 알고 싶었는지 핸들에 손을 대어보았다. 만져서는 안 될 곳을 눌렀는지 갑자기 스쿠터가 앞으로 나갔다!
　앤이 놀라 비명을 질렀다.
　"큰일났네!" 조는 경찰에게 인사를 하고는 앤에게 달려갔다. 어빙은 쉴 새 없이 셔터를 눌러댔다.

♔
■ 스쿠터 スクーター　■ 명소 名所　■ 교차로 交差点　■ 저지당하다 阻止される
■ 비명을 지르다 悲鳴をあげる

第5章
ローマ見物

　ジョーはスクーターの後ろにアンをのせ、コロッセオの周辺を走り回った。その後ろをアーヴィングがオープンカーで追う。アンはあちこちの名所を見てはほほえんだ。3人はコロッセオに立ち寄って中を見学した。そしてまたドライブへ。アーヴィングは、ジョーとスクーターに乗っているアンの姿をカメラに収めた。途中、何度か車のコントロールを失いそうになった。

　車の多い交差点で、ジョーとアンは警官に止められた。ジョーは警官と話すためスクーターから降りた。そのすきに、アンはどんな感じか知りたくてハンドルに手を置いてみた。触ってはいけないところを押したのか、突然スクーターが走りだしてしまった！

　アンはおどろいて悲鳴をあげた。

　「たいへんだ！」ジョーは警官に失礼すると言って、アンを走って追いかけた。アーヴィングはしきりにシャッターを押しはじめた。

앤이 탄 스쿠터가 인도로 올라가 사람으로 붐비는 사이를 뚫고 지나갔다. 조는 따라가면서 멈추라고 소리를 질렀다. 하지만 앤은 더 이상 무섭지 않았다. 무서워하기는커녕 웃음소리까지 내며 즐기고 있었다.

조는 스쿠터를 따라잡아 올라탔다.
"내가 운전하도록 해주지 않겠어?"
"싫어요, 나도 할 수 있어요!" 앤은 웃으면서 말했다. 조도 웃을 수밖에 없었다.
앤은 스쿠터를 지그재그로 운전했다. 길모퉁이를 돌아 자동차와 부딪칠 뻔했다. 그래도 앤은 달리기를 멈추지 않았고, 도로에서는 차들이 멈칫멈칫했고 보도를 걷는 이들은 깜짝 놀라 비켜섰다. 앤의 웃음소리는 끊이지 않고 들려왔다. 이윽고 경찰이 달라붙었다. 달려오는 경찰이 있는가 하면 경찰차로 따라오는 경찰도 있었다. 앤은 필사적으로 도망쳤지만 드디어 따라잡히고 말았다. 어빙도 같이 잡혔다.

정신을 차렸을 때는 조와 앤, 어빙이 경찰서에서 판사 앞에 세워져 있었다. 판사는 이탈리아어로 질문했고 조가 거기에 답했다. 조가 앤에게 팔을 두르자 판사가 웃음을 띠었다. 그리고 세 사람을 석방시켰다. 손을 잡고 밖으로 나가는 조와 앤에게 경찰서 사람들은 모두 웃음을 지으며 손을 흔들었다. 어빙은 계속 박장대소를 했다.

■ 지그재그 ジグザグ　■ 길모퉁이 街角　■ 필사적으로 必死に　■ 팔을 두르다 腕を回す　■ 석방 釈放　■ 박장대소 大笑い

　アンが乗ったスクーターは歩道に乗りあげ、人混みのあいだをすり抜けていく。ジョーは追いかけながら、止まれと叫んだ。でもアンはもう怖くなかった。それどころか、笑い声をあげて楽しんでいる。

　ジョーはスクーターに追いついて飛び乗った。

「ぼくに運転させてくれ」

「いやよ、私にできるわ！」アンは笑いながら言った。ジョーも笑うしかなかった。

　アンはスクーターをジグザグに走らせた。角を曲がって自動車とぶつかりそうになった。それでもアンは走り続け、道路では車が立ち往生し、歩行者はスクーターから飛びのいた。アンはずっと笑いっぱなしだった。やがて警察が追いかけてきた。走ってくる警官もいれば、パトカーで追ってくる警官もいる。アンは必死に逃げ回ったが、ついに追いつかれてしまった。アーヴィングも一緒に捕まった。

　気づいたときには、ジョー、アン、アーヴィングは警察署で判事の前に立たされていた。判事はイタリア語で質問し、ジョーがそれに答えた。ジョーがアンに腕を回すと、判事はほほえんだ。そして3人は釈放された。手をつないで外へ出ていくジョーとアンに、警察署の人々はみんな笑顔で手を振った。アーヴィングはずっと大笑いしていた。

"조, 자네는 정말 거짓말이 능수능란해!" 어빙은 말했다. "나하고 앤이 결혼하기 위해서 스쿠터로 교회를 향하던 중이었습니다, 라고? 걸작이야!"

어빙은 웃음을 멈출 수 없었다.

"저도 거짓말 잘하지 않았나요?" 앤이 말했다.

"최고였어." 조가 말했다. "그렇지, 생각났다. 당신에게 보여주고 싶은 게 있어."

세 사람은 어두컴컴한 석조 건물로 걸어갔다. 한쪽 석벽에 커다란 얼굴의 조각이 있었다. 입 부분이 어두운 구멍으로 되어 있었다.

"이것은 '진실의 입'이야." 조가 앤에게 가르쳐주었다. "전해지는 말로는 거짓말을 하는 사람이 이 입에 손을 넣으면 물어서 손이 잘린다고 하지."

"어머, 무서워!" 앤이 말했다.

"한번 해보지 않겠어?" 조가 말했다. 앤은 불안한 듯한 얼굴을 했지만 쭈뼛쭈뼛 손을 내밀었다. 어빙은 몰래카메라로 앤의 손이 천천히 돌로 된 입으로 다가가는 모습을 찍었다. 아슬아슬한 순간에 앤은 손을 거두었다. 무서워서 그 이상 할 수가 없었던 것이다.

"당신이 해봐요." 앤이 조에게 말했다.

"좋지." 조가 말했다. 돌로 된 입이 있는 높이까지 천천히 손을 올렸다. 그리고 살짝 떨리는 손을 구멍으로 집어넣었다. 처음은 손가락만, 이어서 손목까지 완전히 구멍으로 넣었다. 앤은 겁에 질려 꿈쩍도 못하고 지켜보았다.

♛

■ 능수능란하다 達者だ, 巧みだ ■ 어두컴컴하다 薄暗い ■ 쭈뼛쭈뼛 もじもじ
■ 겁에 질리다 おびえる

「ジョー、おまえは本当にウソがうまい！」アーヴィングは言った。「ぼくとアンは結婚するためにスクーターで教会へ行くところでした、だって？　傑作だよ！」

アーヴィングは笑いが止まらない。

「わたしもウソが上手だったでしょ？」アンが言った。

「最高だったよ」ジョーは言った。「そうだ、思いついた。きみに見せたいものがあるんだ」

3人は薄暗い石造りの建物に歩いていった。一方の石壁に、大きな顔の彫刻があった。口の部分が暗い穴になっている。

「これは『真実の口』だ」ジョーはアンに教えた。「言い伝えによると、ウソをついている人がこの口に手を入れると、噛み切られてしまうらしい」

「まあ、恐ろしい！」アンは言った。

「やってみてごらん」とジョーは言った。アンは不安そうな顔をしたが、おそるおそる手を出した。アーヴィングは隠しカメラで、アンの手がゆっくり石の口に近づいていく様子を撮った。ぎりぎりのところで、アンは手をおろした。怖くてそれ以上できなかったのだ。

「あなたがやってみせて」アンはジョーに言った。

「いいとも」ジョーは言った。石の口の高さまでゆっくり手を上げる。そしてかすかに震える手を穴に差し込んだ。はじめは指先だけ、つづいて手首まですっかり穴に入れた。アンは怖さで立ちつくしたまま見つめている。

그러자 갑자기 조가 소리를 질렀다. 돌의 입에 물리기라도 한 듯 손을 구멍에서 빼내려고 했다. 앤이 비명을 지르며 조를 등 뒤에서 끌어당겼다. 드디어 조의 팔이 빠져나왔지만 손목부터 그 앞 부분이 없어진 채였다!

앤은 또다시 비명을 지르며 두 손으로 얼굴을 감쌌다. 조는 웃으며 웃옷 소매에서 손을 내밀었다. 손은 숨겨져 있을 뿐이었다.

앤은 소리를 지르며 조에게 달려들어 웃으며 조의 가슴을 두드렸다.

"거짓말쟁이! 정말 놀랐어! 손을 물리지 않았잖아!"

"장난 좀 쳤을 뿐이야!" 조는 웃으며 말했다. "미안, 괜찮아?"

"네에." 앤은 겨우 진정한 듯했다.
어빙은 이 순간을 모두 사진에 담았다.
"자, 갑시다." 조가 말했다. "또 한 군데 데려가고 싶은 곳이 있어."

세 사람은 어빙의 차를 타고 조용한 거리로 접어들었다. 그리고 차에서 내려 길거리의 벽을 향해 걸어갔다. 벽에는 한 면 가득 손으로 쓴 팻말이 걸려 있었다. 나이 지긋한 여성 한 명이 벽 앞에서 무릎을 꿇고 기도를 하고 있었다. 기도가 끝나자 여성은 십자가를 그리고 일어섰다.
앤은 벽으로 다가갔다.
"이 작은 팻말은 뭘까요? 뭐가 써 있을까요?"

■ 웃옷 소매 上着の袖　■ 진정하다 落ち着く　■ 무릎을 꿇다 ひざまずく

　するといきなりジョーが叫んだ。石の口に嚙みつかれたかのよう
に、手を穴から引きぬこうとする。アンは悲鳴をあげ、ジョーを背
中から引っぱった。ついにジョーの腕は外れたが、手首から先がな
くなっている！

　アンはまた悲鳴をあげ、両手で顔を覆った。ジョーは笑いながら、
上着のそでから手を出した。手は隠していただけだった。

　アンは声をあげてジョーに駆け寄った。笑いながら、ジョーの胸
を叩く。

　「ウソつきね！　ほんとにひどいわ！　手を嚙まれてなんかないじ
ゃないの！」

　「ちょっとふざけただけだよ」ジョーは笑って言った。「ごめん。
平気かい？」

　「ええ」アンはやっと落ち着いてきた。

　アーヴィングはこの一部始終を写真に撮った。

　「さあ行こう」ジョーは言った。「もうひとつ連れていきたいとこ
ろがあるんだ」

　3人はアーヴィングの車に乗り、静かな通りに入った。車を降り、
通りの壁に向かって歩いた。壁には一面に手描きの札がかけられて
いた。年老いた女性が一人、壁の前でひざまずいてお祈りをしてい
た。お祈りがすむと、女性は十字を切って立ち上がった。

　アンは壁に近づいた。

　「この小さなお札は何かしら？　何が書いてあるのかしら？」

"팻말은 각각 소원이 이루어졌다는 것을 보여주고 있지." 조가 말했다. "시작은 전쟁 중이었어. 이 거리에서 아버지와 아이들이 공습을 당해 이 벽에 기대어 몸을 지켰어. 폭탄은 바로 옆에 떨어졌지만 이들은 상처를 입지 않았어. 나중에 아버지가 여기에서 처음으로 팻말을 걸었어. 그 후로 이 벽은 매우 신성한 장소가 되었어. 사람들은 여기를 방문하고 소원이 이루어지면 다시 찾아와서 작은 팻말을 달게 되었다는 거지."

"너무 멋진 이야기야."

"몇 개 읽어볼까." 조가 말했다. "그리고 자신의 소원을 말해보는 거야."

앤은 고개를 숙여 소원을 빌었다. 어빙은 담배에 불을 붙이는 척을 하며 다시 사진을 찍었다.

"어떤 소원을 빌었지?" 조가 물었다.

"그건 말할 수 없지만 내 소원이 이루어질 가능성은 거의 없어요." 앤은 조금 슬픈 듯 말했다.

"그럼, 다음은 뭘 할까?" 조가 물었다.

"배 위에서 춤을 출 수 있는, 아주 멋진 곳이 있다고 하는데." 앤이 기대를 가득 담아 말했다.

"아, 산탄젤로 성 밑을 흐르는 강 위에 띄운 배를 말하는 거군." 조가 말했다.

"그래! 맞아! 갈 수 있을까요?"

■ 공습 空襲　■ 신성한 장소 神聖な場所　■ 소원을 빌다 願い事をする

「札はそれぞれ、願いが叶ったことを表しているんだ」ジョーは言った。「はじまりは戦争中のことだ。この通りで父親と子どもたちが空襲に遭い、この壁に寄り添って身を守った。爆弾はすぐそばに落ちたが、親子は無傷だった。後になって、父親がここに最初の札をかかげた。以来、この壁はとても神聖な場所になった。人々はここを訪れ、願いが叶えばまた訪れて、小さな札を掲げるようになったんだ」

「とても素晴らしいお話ね」

「いくつか読んでごらん」ジョーは言った。「そして自分の願い事をするんだ」

アンは頭を下げて願い事をした。アーヴィングは煙草に火をつけるふりをしてまた写真を撮った。

「どんな願い事をしたんだい？」ジョーは聞いた。

「それは言えないけど、私の願いが叶う見込みなんてほとんどないわ」アンはちょっと悲しそうに言った。

「じゃあ、つぎは何をしようか？」ジョーは聞いた。

「船の上で踊れるとても素敵なところがあるらしいの」アンは期待たっぷりに言った。

「ああ、サンタンジェロ城の真下の川に浮かぶ船のことだな」ジョーは言った。

「そう！ それだわ！ 行けるかしら？」

"물론이지." 어빙이 말했다.

"당신이 원한다면 무엇이든." 조가 말했다. "그런데, 어빙. 자네는 이제 가야 한다고 하지 않았나."

"그랬던가?" 어빙이 반문했다.

"그랬어, 자, 내일 중요한 회의가 있어서 준비한다고 했잖아."

"아차, 그랬지." 어빙은 중요한 일이 생각난 척을 했다. "중요한 회의가 있었지. 그럼, 또 만납시다, 스미티."

"중요한 회의, 잘 됐으면 좋겠네요." 앤이 말했다.

어빙이 가고 나자 앤과 조는 왔던 길을 되돌아갔다. 마차가 한 대 달리고 있었다. 마차로 댄스 장소로 가겠느냐고 조가 물었다. 앤이 고개를 끄덕였고 두 사람은 마차에 올라탔다.

■ 반문하다 聞き返す　■ 고개를 끄덕이다 首を縦に振る, うなずく

「もちろんさ」アーヴィングは言った。

「きみが望むなら何でも」ジョーは言う。「で、アーヴィング。おまえはもう行かないといけないんだったな」

「そうだっけ？」アーヴィングは聞いた。

「そうだよ、ほら、明日大事な会議があるから準備するって言ってただろ」

「おっと、そうだ」アーヴィングは大切なことを思い出したふりをした。「大事な会議があるんだった。じゃあ、また会おう、スミティ」

「大事な会議、うまくいくといいですね」アンは言った。

アーヴィングが行ってしまうと、アンとジョーは来た道を引き返した。馬車が1台走っている。馬車でダンスに行くかいとジョーが尋ねた。アンはうなずき、2人は馬車に乗り込んだ。

06

제6장
선상의 댄스

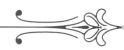

강가에 도착하자 조는 두 사람 분의 입장권을 샀다. 앤은 주변의 야경에 시선을 빼앗겼다. 배 위에는 경쾌한 음악이 흐르고 불빛이 반짝거렸고 많은 손님이 댄스를 즐기고 있었다. 두 사람도 댄스 플로어로 나아가 춤을 추기 시작했다.

그 끝에 검은 양복에 모자 차림을 한 남자 두 사람이 눈을 번뜩이며 손님들을 감시하고 있었다. 이윽고 그 중 한 남자가 춤추고 있는 조와 앤을 발견했다. 남자는 좀 더 잘 볼 수 있도록 발돋움을 했다. 다른 한 남자도 조와 앤의 존재를 알아차리고 옆 남자에게 귀엣말을 하고는 그 자리를 떠나 배의 난간을 타고 내려왔다.

앤과 조는 이어서 춤을 추고 있었다. 앞서보다 느린 음악으로 바뀌어 두 사람은 밀착하여 춤추기 시작했다. 앤은 조의 어깨에 얼굴을 대고 눈을 감은 채 미소를 지었다.

연주가 끝나고 손님들은 박수를 쳤다. 조와 앤은 댄스 플로어를 떠나 테이블에 앉았다.

■ 시선을 빼앗기다 視線を奪われる　■ 모자 차림을 하다 帽子姿をする　■ 눈을 번뜩이다 目を光らせる　■ 발돋움을 하다 背伸びをする　■ 귀엣말 耳打ち　■ 밀착하다 密着する

108

第6章
船上のダンス

　川岸に着き、ジョーは2人分の入場券を買った。アンはまわりの夜景に見とれていた。船の上では、陽気な音楽が流れて灯りがきらめき、たくさんの客がダンスを楽しんでいる。2人もダンスフロアへ出て踊りはじめた。

　その端で、黒いスーツと帽子の男2人が客に目を光らせていた。やがて片方の男が、踊っているジョーとアンに気づいた。男はもっとよく見ようと背伸びをした。もう1人の男もジョーたちに気づき、相棒に耳打ちすると、その場を離れて船のタラップを駆けおりた。

　アンとジョーはダンスをつづけている。さっきよりスローな音楽にかわり、2人は寄り添うように踊った。アンはジョーの肩に頭をのせ、瞳を閉じてほほえんだ。

　演奏が終わり、客たちは拍手をした。ジョーとアンはダンスフロアを離れ、テーブルに座った。

"조 브래들리 씨." 앤이 말했다. "이런 말 해도 좋을지. 당신은 정말 멋진 분이에요."

"아." 조는 웃었다. "그거 정말 감사합니다."

"그렇잖아요, 나는 이제까지 해보고 싶었던 걸 했는데 거기에 하루종일 어울려 줬잖아요. 왜 그랬죠?"

조는 거북한 듯한 표정을 지었다.

"저기, 뭐라고 해야 하나, 그래야 할 것 같았으니까."

"너무 친절해요. 이렇게 친절한 분은 당신 말고는 몰라요."

조는 고개를 숙여 앤에게 거짓말을 해서 미안하다는 불편한 감정을 숨기려 했다.

"그리 대단한 일도 아닌 걸."

"언제나 자기보다 상대방을 생각하는 분이에요."

"바에서 뭔가 마실까." 조는 화제를 바꿔 앤의 손을 잡고 걸어 나갔다.

바에 도착하니 한 남자가 앤에게 말을 걸었다. 오후에 그녀의 머리를 잘라준 이발사였다.

"다행이야, 와주었네요!" 이발사가 말했다. "한참 전부터 찾고 있었어요. 이제 안 오나, 하고 생각했습니다."

앤이 웃었다.

"당신 머리카락 — 싹둑 잘라버렸어!" 이발사가 말했다.

"어울리죠?"

■ 거북하다　決まりが悪い　■ 이발사　理髪師

「ジョー・ブラッドリーさん」アンは言った。「こんなことを言ってもいいのかしら。あなたって本当に素晴らしい方ね」

「えっ」ジョーはほほえんだ。「それはどうもありがとう」

「だって、わたしがずっとしたかったことをするのに、一日中付き合ってくださったでしょ。どうして？」

ジョーは決まり悪そうな顔をした。

「まあ、なんというか、そうするべきだと思ったんだ」

「とても優しいのね。こんなに優しい方はほかに知らないわ」

ジョーはうつむき、アンにウソをついて悪いと思う気持ちを隠そうとした。

「大したことではないよ」

「いつだって自分より相手を思いやる方だわ」

「バーで何か飲もう」ジョーは話題を変え、アンの手をとって歩き出した。

バーにいくと、男がアンに声をかけてきた。午後に彼女の髪を切った理髪師だ。

「よかった、来てくださったんですね！」理髪師は言った。「ずいぶん前から探していたんです。もう来ないかも、と思っていました」

アンが笑っている。

「あなたの髪——ばっさりなくなって！」理髪師は言った。

「似合うでしょう？」

"너무 멋져요."

앤은 조를 소개했다.

"이쪽은 브래들리 씨." 이발사에게 말했다.

"저는 마리오 데라니입니다." 이발사가 말했다.

"잘 부탁드립니다." 조가 말했다. "옛 친구입니까?"

"오늘, 제 머리를 잘라주신 분이에요. 그때 오늘밤 여기에 오라고 권유해줬어요."

악단이 다시 연주를 시작하자 마리오는 앤에게 춤을 신청했다. 앤은 마리오의 손을 잡고 댄스 플로어로 향했다. 조는 잠시 두 사람이 춤추는 것을 지켜보다가 이윽고 수첩을 꺼내 재빠르게 뭔가를 적었다. 마침 그 때 어빙이 배에 도착해서 조의 모습을 찾았다. 이번에는 제대로 된 카메라를 메고 있었다.

"뭔가 놓친 장면이 있나?" 어빙이 물었다.

"아니, 됐어. 충분해." 조가 마리오와 춤추는 앤을 가리키자 어빙이 히죽 웃었다.

"댄스 상대는 누구지?"

"이발사야. 오후에 그녀의 머리를 자르면서 오늘밤 만나기로 약속을 했던 듯해."

앤과 마리오는 즐거운 듯 댄스를 이어갔다.

■ 권유하다 勧誘する   ■ 악단 楽団   ■ 수첩 手帳

「とても素敵です」

アンはジョーを紹介した。

「こちらはブラッドリーさん」と理髪師に言う。

「わたしはマリオ・デラーニです」と理髪師は言った。

「どうぞよろしく」ジョーは言った。「古いご友人ですか？」

「今日、わたしの髪を切ってくれた方よ。そのとき、今夜ここに誘ってくださったの」

楽団がふたたび演奏をはじめ、マリオはアンをダンスに誘った。アンはマリオの手をとり、ダンスフロアに向かった。ジョーはしばらく2人のダンスを見ていたが、やがて手帳を取り出して素早く何かを書きこんだ。ちょうどそのとき、アーヴィングが船にやってきて、ジョーの姿を見つけた。今度はちゃんとしたカメラを提げている。

「なにか撮り逃したかな？」アーヴィングは聞いた。

「いや、大丈夫。間に合ったよ」ジョーがマリオと踊るアンを指すと、アーヴィングはにやりとした。

「ダンスの相手は誰なんだ？」

「理髪師だ。午後に彼女の髪を切ったとき、今夜会う約束をしたらしい」

アンとマリオは楽しそうにダンスをつづけている。

"공주와 이발사, 인가." 어빙은 놀리는 듯한 어투로 말했다. 그리고 카메라를 테이블에 올려놓자 조가 그것을 숨기려는 듯 그 앞에 섰다. 어빙은 앤을 눈으로 쫓으면서 셔터 누를 기회를 노렸다. 이윽고 절호의 타이밍에 조에게 신호를 보냈다. 조가 앞을 벗어난 순간, 플래시가 깜빡였다. 조는 곧바로 카메라 앞으로 돌아가 술이 든 잔을 손에 들고 아무 일도 없었던 듯한 태도를 취했다. 어빙도 모른 척했지만 노렸던 사진은 확실히 찍었다.

앤이 조가 있는 쪽으로 몸을 돌렸다. 어빙이 있다는 사실도 깨닫고 빙긋 웃으며 손을 흔들었다. 어빙도 잔을 들어 답했다.

같은 시간, 비밀첩보원들이 몇 대의 차로 배 밖에 도착했다. 몇 명인가 댄스 플로어 양쪽 끝 테이블을 향해 걸어갔다. 곡이 끝나자 손님들은 악단에게 갈채를 보냈다.

"춤춰줘서 고마워요." 마리오는 앤에게 말했다.

첩보원 한 사람이 마리오 쪽으로 다가갔다. 그 남자가 마리오에게 이탈리아어로 무슨 말인가를 하자 마리오는 갑자기 겁에 질린 듯한 표정을 지었다. 그리고 앤에게 웃는 얼굴로 인사를 하고 그 자리를 떠났다. 첩보원인 남자는 앤과 춤추기 시작했다.

"마마, 이대로 조용히 춤을 추면서 출구까지 가도록 하죠." 남자는 앤의 귀에 속삭였다.

"싫어요." 앤은 도망치려 했다.

"공주님, 부탁드립니다." 남자는 그렇게 말하고 앤을 댄스 플로어 끝으로 끌어당겼다.

♔
■ 눈으로 쫓다 目で追う ■ 절호의 타이밍 絶好のタイミング ■ 노리다 狙う ■ 비밀첩보원 秘密諜報員 ■ 갈채를 보내다 喝采を送る ■ 귀에 속삭이다 耳にささやく

　「王女と理髪師、か」アーヴィングはからかい気味に言う。そして
カメラをテーブルに置き、ジョーが隠すように前に立った。アーヴ
ィングはアンを目で追いながらシャッターチャンスを待った。やが
て、絶好のタイミングでジョーに合図を送った。ジョーが飛びのい
た瞬間、フラッシュが瞬く。ジョーはすぐさまカメラの前に戻り、
酒の入ったグラスを手に何事もなかったようにふるまった。アーヴ
ィングも素知らぬふりをしていたが、狙った写真はしっかり撮れた。
　アンがジョーの方を振り向いた。アーヴィングにも気づき、にっ
こり笑って手を振る。アーヴィングはグラスをかかげて応えた。
　同じころ、秘密諜報員たちが数台の車で船の外に乗り付けた。何
人かが、ダンスフロアの両端のテーブルに向かって歩いていく。曲
が終わり、客は楽団に喝采を送った。
　「踊ってくれてありがとう」マリオはアンに言った。
　諜報員の1人がマリオたちに近づいてきた。マリオはその男にイ
タリア語で何か言われると、ふいにおびえたような顔になった。そ
してアンに笑顔でさようならを言い、立ち去った。諜報員の男はア
ンと踊りはじめた。
　「殿下、このまま静かに踊りながら出口まで行きましょう」と男は
アンの耳にささやいた。
　「いやです」アンは逃れようとした。
　「王女さま、お願いです」男はそう言って、アンをダンスフロアの
端へ引っ張っていく。

"사람 잘못 봤어요." 앤은 이탈리아어로 말하고 영어를 못하는 척했다. "부탁이에요, 놔줘요!"

남자가 손의 힘을 풀지 않자 앤이 소리를 질렀다.

"놔줘요!" 앤이 크게 소리쳤다. "브래들리 씨!"

조는 잔에서 얼굴을 들어 댄스 플로어의 혼잡한 사람들 사이에서 앤의 모습을 찾았다.

"브래들리 씨!" 앤은 다시 한 번 외쳤다.

조와 어빙은 동시에 앤을 발견했다. 아직도 남자에게서 도망치려 하고 있었다. 거기에 첩보원이 한 사람 더 다가와서 두 사람이 앤을 배에서 데려가려고 난간 쪽으로 향했다. 조와 어빙은 서둘러 그들에게 다가갔다.

조는 한 남자의 얼굴에 주먹을 날리고 또 다른 한 사람을 쓰러뜨렸다. 앤의 팔을 잡아 남자들에게서 떼어내자 또 다른 첩보원이 막으려 다가왔다. 조는 그 남자의 얼굴에도 주먹을 날렸고 어빙도 다른 첩보원과 몸싸움을 벌였다.

조와 앤은 댄스 플로어 반대편으로 도망쳤다. 손님들은 난투를 바라보며 망연히 서 있었다. 첩보원 몇 명이 더 다가오는 것이 보이자 조는 다시 반대쪽으로 앤을 데리고 달렸다. 그러나 그쪽에서도 첩보원들이 다가왔다. 다른 방법이 없자 조는 앤을 옆으로 밀치고 첩보원 한 사람을 배 밖으로 내던졌다. 앤은 강으로 떨어진 남자에게 구명구를 던져주었다. 손님들이 환성을 질렀다.

♔

■ 혼잡하다 混雑する　■ 난간 欄干, 手すり　■ 주먹을 날리다 拳を飛ばす　■ 몸싸움을 벌이다 もみ合いになる　■ 난투 乱闘　■ 망연히 서 있다 茫然として立っている　■ 구명구 救命具

　「人違いです」アンはイタリア語で言い、英語が話せないふりをした。「お願い、離して！」

　男が手を緩めずにいると、アンは叫びだした。

　「離して！」アンは大声を出した。「ブラッドリーさん！」

　ジョーはグラスから顔を上げ、ダンスフロアの人混みにアンの姿を探した。

　「ブラッドリーさん！」アンはもう一度叫んだ。

　ジョーとアーヴィングは同時にアンを見つけた。まだ男から逃れようともがいている。そこへ諜報員がもう1人やってきて、アンを2人がかりで船から連れ出そうとタラップへ向かう。ジョーとアーヴィングは急いで駆け寄った。

　ジョーは1人の男の顔を殴り、もう1人を押しのけた。アンの腕をつかんで男たちから引き離すと、また別の諜報員が止めに入ってきた。ジョーはその男の顔も殴り、アーヴィングもほかの諜報員と殴り合った。

　ジョーとアンはダンスフロアの反対側に逃げた。客たちが乱闘を眺め、立ちつくしている。諜報員がさらに向かってくるのが見え、ジョーはまた反対側にアンを連れて走った。しかしこちらからも諜報員たちがやってくる。ほかにどうしようもなく、ジョーはアンをわきに押しやり、諜報員の1人を船の外へ放り投げた。アンは川に落ちた男に救命具を投げてやった。客たちは歓声をあげた。

 어빙은 또 다른 첩보원과 싸움이 붙었다. 상대가 수염을 잡아당기자 그 얼굴을 있는 힘껏 내리쳤다. 싸움을 보고 있던 마리오도 조와 어빙을 돕기 위해 뛰어들었다.

 악단 지휘자는 단원에게 연주를 재개하도록 신호를 보냈다. 활기찬 음악이 댄스 플로어에서 일어난 싸움에 흥을 더해주었다.

 조, 어빙, 마리오가 첩보원들과 싸우고 있는 사이에 앤은 두 남자에게 잡혀 끌려갈 처지에 놓였다. 조는 앤을 쫓아갔고 어빙도 카메라를 들고 그 뒤를 쫓았다. 조는 남자 한 사람을 땅바닥에 떼려 눕혔다. 다른 한 사람이 조를 가격하기 위해 앤의 손을 놓은 사이에 앤은 도망쳐서 악단 옆에 놓인 기타를 집어 들었다. 그리고 첩보원의 등 뒤에 있는 의자 위에 올라갔다. 악단의 드러머가 앤이 기타를 머리 위 높이 들어올리는 것에 맞춰 드럼 롤을 울렸다. 앤은 남자의 머리에 있는 힘껏 기타를 내리쳤다. 너무나 큰 충격에 남자는 순간 굳어버렸다.

 어빙은 가까스로 카메라로 찍을 자세를 취하며 앤에게 말했다. "한 발 더 날리라고, 스미티!" 다시 드러머가 드럼 롤을 울렸고 앤은 기타를 내리쳤다. 그 순간 플래시가 터졌고 어빙은 촬영에 성공했다.

 경찰차 사이렌 소리가 들려왔다. 머지않아 경찰들이 댄스 플로어로 올라왔다. 그들이 싸움을 진정시키고 있는 사이에 조와 앤, 어빙은 배에서 빠져나왔다.

 ■ 재개하다 再開する　 ■ 때려 눕히다 打ちのめす

　アーヴィングはまた別の諜報員とやり合っている。ひげを引っぱられたので、相手の顔を思いきり殴った。けんかを見ていたマリオも、ジョーとアーヴィングの助けに加わった。

　楽団の指揮者は、メンバーに演奏を再開するように合図した。にぎやかな音楽がダンスフロアのけんかを盛り立てる。

　ジョー、アーヴィング、マリオが諜報員たちと殴り合っているあいだに、アンは2人の男に捕まり、連れ去られそうになった。ジョーはアンを追いかけ、アーヴィングもカメラを持って後を追う。ジョーは男の1人を地面に叩きのめした。もう1人がジョーを殴ろうとしてアンから手を離したすきに、アンは逃げ出して楽団のそばに置いてあるギターを拾った。そして諜報員の背後で椅子の上に立ちあがった。楽団のドラマーは、アンがギターを頭上高くかかげるのに合わせてドラムロールを鳴らす。アンは男の頭に思いっきりギターを振り下ろした。衝撃のあまり、男は一瞬固まった。

　アーヴィングはどうにかカメラを構えながらアンに言う。「もう1発やってやれ、スミティ！」ふたたびドラマーがドラムロールを鳴らし、アンはギターを振り下ろした。その瞬間フラッシュが光り、アーヴィングは撮影に成功した。

　パトカーのサイレンが聞こえてきた。まもなく警官たちがダンスフロアに上がってきた。彼らがけんかを治めているすきに、ジョー、アン、アーヴィングは船から脱け出した。

세 사람이 어빙의 차까지 걸어갔을 때, 앞에서 다른 경찰대가 밀려 들었다.

"경찰이다!" 조는 어빙에게 말했다. "우리는 다리를 건너 갈게. 너는 그대로 가줘."

조와 앤이 달려 다리를 건너는 사이에 어빙은 경찰대를 향해 걸어갔다. 이야기를 하며 시간을 벌어볼 생각이었으나 두 사람의 경찰이 조와 앤을 발견하고 뒤쫓기 시작했다.

조와 앤이 반대쪽 강가를 걸어가고 있을 때 그 뒤를 첩보원인 남자가 따라가고 있었다. 남자는 두 사람을 등 뒤에서 덮쳤다. 조는 얼굴을 맞아 강으로 떨어졌다. 앤은 조를 쫓아 강으로 뛰어들어 아슬아슬하게 잡히지 않았다. 남자는 조와 앤을 쫓아 다리를 건너온 경찰 두 사람에게 체포되었다.

배 위의 댄스 플로어에서는 그 자리에 있던 첩보원 전원이 경찰에게 잡혔다. 그 중 한 사람은 머리가 기타를 관통한 채로 연행되었다.

■ 경찰　警察　■ 연행되다　連行される

　3人がアーヴィングの車まで歩いていると、向こうからさらに警官隊がやってきた。

　「警察だ！」ジョーはアーヴィングに言った。「ぼくらは橋の向こうに渡る。おまえはまっすぐ行ってくれ」

　ジョーとアンが走って橋を渡るあいだ、アーヴィングは警官隊に向かって歩いた。話しかけて時間稼ぎをしようとしたが、2人の警官がジョーたちに気づき、追いかけはじめた。

　反対側の川岸を歩くジョーとアンの後を、諜報員の男がつけていた。男は2人の背後から不意をついた。ジョーは顔を殴られ、川に落ちた。アンはジョーを追って川に飛び込み、ぎりぎり捕まらずにすんだ。男は、ジョーたちを追って橋を渡ってきた警官2人に逮捕された。

　船上のダンスフロアでは、その場にいた諜報員全員が警察に捕まった。そのうち1人は、頭がギターを突き破ってはまったままで連行された。

覚えておきたい韓国語表現

큰일났네! (p.96, 下から2行目)
たいへんだ！

【解説】「큰일나다」は、「(ある事や状態が)手に負えないほど困った」ことが起きた時に使います。日本語は現在形で使われることが多いですが、韓国語ではすでに起こったことを表すため過去形が使われます。しかし、まだ起きてないことに対しては過去形は使われません。

【例文】

① 저 집은 막내아들이 맘을 못 잡아서 큰일났어.
   あの家は末の息子が心を入れ替えなくて大変だ。

② 병원에 조금만 늦게 도착했어도 큰일날 뻔했습니다.
   病院に少しでも遅れて到着していたら大変なことになるところでした。

어빙은 쉴 새 없이 셔터를 눌러댔다. (p.96, 下から2-1行目)
アーヴィングはしきりにシャッターを押しはじめた。

【解説】「쉴 새 없이」は「休む間もなく」と直訳できます。「しきりに」は、韓国語で「자주 (よく)」「빈번히 (頻繁に)」「계속적으로 (継続的に)」「끊임없이 (限りなく)」と訳されます。これらの意味は、ある行動や出来事がが繰り返されて起きることを表すため、一緒に使われる動詞に「대다」が付く場合が多いです。「대다」は、動詞の後ろで「-아/어 대다」の形で使われ、前述の行動が反復することを表す言葉です。

【例文】

① 끊임없이 벨이 울려댔다.
   しきりにベルが鳴り続けた。

122

② 그는 자주 나를 멍청이라고 놀려댔다.

彼はよく私をバカだとからかった。

달려오는 경찰이 있는가 하면 경찰차로 따라오는 경찰도 있었다.
（p.98, 下から8-7行目）

走ってくる警官もいれば、パトカーで追ってくる警官もいる。

【解説】「-(으)ㄴ/는가 하면」は、前後に対立する内容が使われて「その一方、その反面」の意味を表します。後ろに続く文に「도」がよく現れます。

【例文】

① 외국어를 가르치다 보면 글쓰기를 잘하는 학생이 있는가 하면 말하기를 잘하는 학생도 있다.

外国語を教えていると、作文が上手い学生もいれば、会話が上手い学生もいる。

② 어떤 사람은 선천적으로 건강이 좋은가 하면 어떤 사람은 태어날 때부터 몸이 약하다.

ある人は先天的に健康だが、ある人は生まれつき体が弱い。

거짓말쟁이（p.102, 8行目）

ウソつき

【解説】ある部類の人を表す言葉で、①「쟁이」と②「장이」があります。①「쟁이」は、人の癖や行動、姿かたちなどを指す言葉で、個々人の（良くない）癖や独特の性格、行動、風貌などがすぐわかるように関連した名詞の後ろに付けて使います。②「장이」は、ある技術を保有している人を指す言葉で、ある人がどんな技術を保有しているのかがすぐわかるように、技術と関連した名詞の後ろに付けて使います。

【例】

① 겁쟁이 臆病者　멋쟁이 おしゃれ　개구쟁이 わんぱく　욕심쟁이 欲張り

② 대장장이 鍛冶屋　미장이 左官屋　간판장이 看板屋　그림장이 絵師

覚えておきたい韓国語表現

> 앞서보다 느린 음악으로 바뀌어 두 사람은 밀착하여 춤추기 시작했다. (p.108, 下から5-4行目)
>
> さっきよりスローな音楽にかわり、2人は寄り添うように踊った。

【解説】「앞서」は、「人より先に」「今より前の時間に」「あらかじめ」などの意味を持つ副詞です。同じ意味で「아까」「좀전」などがあります。

【例文】

① 그가 나보다 앞서 일을 마쳤다.

　彼が私より先に仕事を終えた。

② 앞서 지적했듯이 해결하기 힘들다고 다른 사람에게 미루지 말아야 한다.

　先に指摘したように、解決が難しいからといって他の人に押しつけてはならない。

③ 오늘 관광할 곳에 대해서는 앞서 생각해두었다.

　今日観光する場所については前もって考えておいた。

> 그 남자가 마리오에게 이탈리아어로 무슨 말인가를 하자 마리오는 갑자기 겁에 질린 듯한 표정을 지었다. (p.114, 下から9-7行目)
>
> マリオはその男にイタリア語で何か言われると、ふいにおびえたような顔になった。

【解説】韓国語では、文章の中で「主語が行動の主体になる」のが一般的なので、「A（マリオ）がB（その男）に何かを言われる」という受身の文は使いません。となると、「AがBから何かを聞く」という文になるはずですが、ここでは「イタリア語で」という修飾語があるため、「AがBからイタリア語で聞く」より「BがAにイタリア語で話す」というほうが自然なので、文の主語が入れ替わります。

※ 韓国語で「主語が何かを言われる」という受身の表現に、「悪口を言われる」
という意味の「욕을 먹다」があります。

그는 너무 인색하여 동네 사람들에게 욕을 먹는다.
彼はあまりにもけちで、町の人々に悪口を言われる。

オードリー・ヘプバーンとアンネ・フランク

　『ローマの休日』は、ほとんど無名だったオードリー・ヘプバーンにとっての出世作。彼女の母は爵位を持つオランダ人で、イギリス人の父親と離婚したあと祖国に戻り、文字通り女手一つでオードリーを育てました。

　『ローマの休日』での王女を演じたオードリーの気品は、そんな母親からの遺伝子だったのかもしれません。

　オランダは第二次世界大戦中、ドイツに占領されていました。

　彼女を含め、彼女の一族はドイツへの抵抗運動に加わっていました。叔父や従兄弟がオードリーの目の前で銃殺されるなど、激動の時代を身をもって体験します。彼女自身、戦時下の激烈な環境の中で体をこわし、アムステルダムの病院で生死をさまよったこともありました。

　戦後同じアムステルダムにナチスドイツの目を逃れて潜伏していたアンネ・フランクとは、年齢が同じでした。戦後、『アンネの日記』が発表されたとき、オードリーは戦時下の自らの厳しい体験とアンネの過酷な運命とを重ね合わせ、心を痛めていたといわれています。

　オランダは、1944年に連合軍が反撃を開始したとき激戦地となりました。彼女は、その病院で傷ついた兵士の看護にあたります。その兵士の一人が『007』の監督で知られるテレンス・ヤング。そして彼の監督する『暗くなるまで待って』*Wait Until Dark*で主演女優を演じたのはオードリー・ヘプバーンでした。戦中戦後の点と線が繋がった一瞬です。

　戦争はいうまでもなくオードリーの心に深い影響を与えました。当時のことを思い出すことを時には拒んでいるかのように、戦争映画の出演に難色を示したこともあったようです。しかし、晩年にユネスコの活動に共鳴し、内戦に苦しむアフリカを訪ねていた彼女の心には、若い頃の記憶が蘇っていたのではないでしょうか。

（斉藤　啓）

제 4 부
제7장-제8장

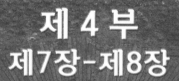

第4部
第7章-第8章

제7장
두 개의 마음

    조와 앤은 커다란 바위까지 헤엄쳐 가서 강 위로 올라가 앉았다. 두 사람 모두 흠뻑 젖었고 몸은 차갑게 식어갔다. 조는 앤의 팔을 비비면서 따뜻하게 해주려 했다.

    "괜찮아?" 조가 물었다.

    "아무렇지 않아요, 당신은?"

    "이야, 기분 좋은데!" 두 사람은 웃었다.

    "당신, 아까 활약 대단하던 걸." 그가 말했다.

    "당신도 제법이었어요." 앤은 조의 눈을 바라보았다.

    조는 앤에게 다가가 키스를 했다. 그리고 두 사람은 지긋이 서로를 응시했다.

    "그렇지, 저기 그럼 …… 이제 돌아가는 게 나을 것 같아." 조가 말했다.

    두 사람은 일어나서 서둘러 조의 아파트로 돌아갔다.

■ 팔을 비비다 腕をこする　■ 활약 活躍　■ 제법이다 なかなかだ

第7章
ふたつの心

　ジョーとアンは大きな岩まで泳いでいって川から上がり、腰をおろした。2人ともずぶぬれで冷えきっていた。ジョーはアンの腕をこすって暖めようとした。

　「大丈夫？」ジョーは尋ねた。

　「平気よ、あなたは？」

　「いやあ、いい気分だ！」2人は笑った。

　「ねえ、あの活躍はすごかったよ」彼は言った。

　「あなただってなかなかだったわ」アンはジョーの目をのぞきこんだ。

　ジョーはアンに体を寄せてキスをした。そして2人はじっと見つめあった。

　「そうだな、ええと……もう帰った方がよさそうだ」ジョーが言った。

　2人は立ちあがり、ジョーのアパートに急いで戻った。

　아파트에 도착하자 조는 라디오를 틀어 낮은 소리가 흐르게 한 후 두 사람 분의 잔에 와인을 따랐다. 앤은 욕실에서 젖은 옷을 벗어 두고 조의 옷으로 갈아입고 머리를 다듬었다. 준비가 끝나자 문을 열고 조의 옆으로 다가갔다.

　"옷은 전부 못 입게 돼버린 거야?" 조가 물었다.

　"아니, 금방 마를 거예요." 앤이 미소를 지으며 대답했다.

　"잘 어울려." 조가 말했다. "늘 내 옷을 입어야겠어."

　"잘 어울리게 입었으니까." 앤이 방그레 웃었다.

　"와인 좀 마시겠어?" 조가 와인을 건네줬다.

　"먹을 거라도 좀 만들까요"라고 말하며 앤은 와인을 마셨다.

　"불가능해." 조가 말했다. "우리집에는 부엌이 없어서. 언제나 밖에서 먹지."

　"그걸로 괜찮아요?"

　"인생이란 언제나 마음먹은 대로는 안 되는 법이지." 조가 말했다.

　"그런 것 같아요." 앤이 슬픈 듯 말하며 시선을 다른 곳으로 돌리며 앉았다.

　"피곤해?" 조가 물었다.

　"조금."

　"오늘 많은 일들이 있었으니까."

　"근사한 하루였어요!" 앤이 미소를 지었다. 라디오에서는 아나운서의 목소리가 들려왔다.

♔
■ 금방 마르다 すぐに乾く　■ 방그레 웃다 にっこり笑う　■ 마음먹은 대로 思った通りに　■ 근사한 하루 すばらしい一日

　アパートに着くと、ジョーは低い音でラジオを流し、2人分のグラスにワインをそそいだ。アンはバスルームでぬれた服を脱いでジョーの服に着がえて、髪を整えた。支度が終わると、ドアを開けてジョーのそばに行った。

　「服は全部だめになってしまったかな」ジョーが聞いた。

　「いえ、すぐに乾くわ」アンが笑顔で答えた。

　「よく似合ってる」ジョーが言った。「いつもぼくの服を着るべきだな」

　「似合うようにしているのよ」アンはにっこりした。

　「ワインを少しいかが」ジョーがワインを手渡した。

　「お食事でも作りましょうか」と言って、アンはワインを飲んだ。

　「できないよ」ジョーが言った。「うちにはキッチンがなくてね。いつも外で食べる」

　「それでいいの？」

　「人生はいつも思いどおりには行かないものさ」ジョーが言った。

　「そうね」アンは悲しげに言い、視線をそらして座った。

　「疲れた？」ジョーが聞いた。

　「少し」

　「今日はいろいろあったからね」

　「すばらしい一日だったわ！」アンがほほえみ、ラジオからはアナウンサーの声が聞こえてきた。

"〈아메리칸 아워〉입니다. 로마에서 보내드리고 있습니다." 아나운서의 목소리가 흘러나왔다. "뉴스를 전해드리겠습니다. 어제 건강에 이상이 생겼다고 한 앤 공주의 상태에 대해서는 오늘밤도 아무 정보가 들어오지 않았습니다. 공주는 유럽 각국 방문을 곧 끝낼 예정이었습니다. 일부에서는 병환이 깊다는 억측도 나오고 있습니다. 국민들 사이에서도 공주의 병환을 걱정하는 목소리가 연이어 나오고 있습니다."

앤이 일어나서 라디오를 껐다.

"뉴스는 내일까지 됐어요."

"그래."

"와인을 좀 더 마실 수 있을까요? 맛있는 저녁을 먹지 못해서 아쉬워요."

"학교에서 요리를 배운 거야?" 조는 앤에게 와인을 한 잔 더 따라주며 물었다.

"네, 아주 맛있다고요. 재봉도 할 수 있고, 청소도 할 수 있고, 다림질도 물론. 그런 걸 전부 배운 건—"

앤은 갑자기 입을 다물었다가 다시 이어갔다.

"—그런데 배운 걸 누군가에게 해줄 기회가 없어서." 앤은 말을 끝맺고는 서글픈 듯 옆으로 몸을 돌렸다.

"그랬군. 그럼, 이사해서 부엌이 있는 집에 살아볼까." 조가 말했다.

■ 억측 憶測 ■ 재봉 裁縫 ■ 다림질 アイロンがけ ■ 서글프다 物悲しい, 切ない

「〈アメリカン・アワー〉です。ローマからお送りしています」アナウンサーの声が流れた。「ニュースをお伝えします。昨日体調を崩されたアン王女の容体について、今夜も情報は入っておりません。王女はヨーロッパ各国への訪問をまもなく終える予定でした。一部では重体との憶測も出ています。国民の間からも王女の病状を懸念する声があいついでいます」

アンは立ちあがってラジオを切った。

「ニュースは明日までいいわ」

「そうだね」

「もう少しワインをいただけるかしら？　夕食をごちそうできなくて残念だわ」

「学校で料理を習ったの？」ジョーはアンにおかわりのワインをつぎながら聞いた。

「ええ。とてもうまいのよ。お裁縫もできるし、お掃除もできるし、アイロンがけだって。そういうものを全部習ったのは——」

アンは突然口をつぐみ、また続けた。

「——でも習ったことを誰かにしてあげる機会がなくて」アンは言い終えると、悲しそうに横を向いた。

「そうか、じゃあ引っ越してキッチンのある部屋に住もうかな」ジョーが言った。

"네에." 앤은 슬픈 듯 미소를 지었다. 두 사람은 더는 아무 말도 하지 않고 서로를 바라보았다. 앤이 시선을 돌리고 남은 와인을 단숨에 마셨다.

"저 …… 이제 가야겠어요." 앤이 말했다. 눈에는 눈물이 어려 있었다. 앤이 미동도 없이 서 있는 것을 조는 가만히 지켜보았다. 그러자 그녀는 조의 팔에 달려들어 어깨에 얼굴을 묻고 울음을 터뜨렸다.

"애냐, 할 이야기가 있어." 조가 앤을 껴안은 채 말했다.

"하지 마세요." 앤은 그렇게 말하고 키스를 했다. "부탁이에요, 아무 말도 하지 마세요."

두 사람은 잠시 그렇게 서로를 껴안고 있었다. 그리고나서 앤은 눈을 내리깔고 몸을 떼었다.

"옷을 갈아입어야겠어요." 앤이 말했다. 조는 안타까운 마음으로 욕실로 들어가 문을 닫는 앤을 쳐다보았다.

그리고 얼마 지나지 않아 두 사람은 말없이 차를 타고 로마의 거리를 달렸다.

"다음 모퉁이에서 세워줘요." 앤이 말했다. 대사관이 바로 코앞이었다.

조는 속도를 줄이고 차를 세웠다. 앞 쪽에 대사관 문이 보였다.

■ 눈물이 어리다 涙がにじむ   ■ 대사관 大使館   ■ 바로 코앞이다 目と鼻の先だ

「ええ」アンは悲しげにほほえんだ。2人はそれ以上何も言わずに見つめあった。アンは視線をそらし、ワインの残りを一気に飲みほした。

「わたし……もう行かなくては」アンが言った。目には涙がにじんでいた。アンが身じろぎもせずに立っているのをジョーはじっと見ていた。すると彼女はジョーの腕に飛びこみ、肩に顔をうずめて泣き出した。

「アーニャ、話がある」ジョーがアンを抱いたまま言った。

「だめ」アンが言って、キスをした。「お願い、何も言わないで」

2人はもうしばらく抱きあっていた。そしてアンは目をふせ、体を離した。

「着がえないと」アンが言った。ジョーはやるせない気持ちで、バスルームに入ってドアを閉めるアンを見ていた。

それからほどなくして、2人は無言のまま車に乗ってローマの街を走っていた。

「次の角で停めてください」アンが言う。大使館はすぐそこだった。

ジョーは速度をゆるめて車を停めた。先の方に大使館の門が見えた。

"여기에 있어줘요." 앞을 향한 채 앤이 말했다. "저는 저 모퉁이를 돌거예요. 당신은 차에서 나오지 말고 그대로 돌아가줘요. 제가 모퉁이를 돌아 어디로 가는지는 보지 않겠다고 약속해줘요. 당신을 홀로 둘 테니까 나도 혼자서 돌아가게 해줘요."

"알았어." 조가 말했다.

"어떻게 이별을 해야 할지." 앤이 말했다. "아무 말도 나오지 않아요."

"괜찮아." 조가 말했다.

다시 앤이 조의 가슴에 안겨왔다. 앤은 울기 시작했다. 조는 앤을 꼭 끌어안았고 두 사람은 다시 키스를 했다. 얼마 동안을 그대로 포옹한 채로 있다가 앤이 뒤를 돌아보며 거리로 시선을 줄 때까지 움직이지 않았다. 앤은 다시 한 번 조를 응시했다. 두 사람은 어렴풋한 웃음을 나눴다. 그리고 앤은 등을 보이고는 차 문을 열어 밖으로 나갔다.

뒤돌아보지도 않고 앤은 빠른 걸음으로 거리를 걸어갔다. 급한 발걸음이 종종걸음으로 바뀌었다. 조는 앤이 모퉁이를 돌 때까지 가만히 바라보았다. 순간 차에서 나가 그 뒤를 쫓아가고 싶었다. 그러나 그 대신 차의 엔진에 시동을 걸고 달려 그곳을 떴다.

대사관에서는 앤 공주가 큰 방 안에 서 있었다. 대사와 장군, 백작 부인과 마주 서 있었다. 모두 잠옷 차림이었다. 백작 부인은 울면서 코를 훌쩍였다.

"마마." 대사가 말했다. "24시간이나 모습을 감추고 계셨습니다. 그동안 도대체 무슨 일이 있었던 겁니까?"

♔♔♔
■ 포옹하다 抱きしめる　■ 어렴풋한 웃음 かすかな笑み　■ 종종걸음 小走り

「ここにいてください」前を向いたままアンが言った。「私はあの角で曲がります。あなたは車から出ないでそのまま戻ってください。私が角を曲がってどこに行くかは見ないと約束して。あなたを一人にしていくから、私のことも一人にして、帰ってください」

「わかった」ジョーが言った。

「なんてお別れすればいいのか」アンが言った。「言葉が出てこない」

「いいんだよ」ジョーが言った。

ふたたび、アンはジョーの胸に飛びこんだ。アンは泣き出した。ジョーはアンをきつく抱きしめ、2人はまたキスをかわした。そのまましばらく抱きあい、アンが振り返って通りに目をやるまで動かなかった。アンはもう一度ジョーを見つめた。2人はかすかにほほえみ合った。そしてアンは背を向け、車のドアを開けて、外に出た。

振り向きもせず、アンは足早に通りを歩いていった。急ぎ足が小走りになった。ジョーはアンが角を曲がるまでじっと見ていた。一瞬、車から出て後を追いたくなった。しかしそうするかわりに、車のエンジンをかけて走り去った。

大使館では、アン王女が大きな部屋の中で立っていた。大使と将軍と伯爵夫人と向かいあっている。みんな寝間着姿だった。伯爵夫人は泣きながら鼻を拭いている。

「殿下」大使が言った。「24時間も姿を消されておいででした。その間にいったい何があったのですか?」

"몸이 좋지 않았어요." 앤이 대답했다. "이제 좋아졌어요."

"공주님, 저에게도 대사로서의 의무가 있다는 것을 이해해주셨으면 합니다. 마마께 자신의 의무가 있으신 것처럼요." 대사가 말했다.

"대사님, 의무에 대해서 말씀하실 필요는 없습니다. 왕족과 국가에 대한 의무를 확실히 알고 있지 않았다면 오늘밤 돌아오지 않았을 거예요. 아니, 줄곧 돌아오지 않았을 거예요." 앤이 말했다. "내일은 아주 바쁜 하루가 될 테니, 여러분도 이제 주무시도록 하세요. 물러가도 좋습니다."

전원이 잠시 그 자리에 굳은 듯 서 있다가 이윽고 인사를 하고 나왔다. 입구에서 백작 부인이 쟁반을 손에 들고 공주 곁으로 가져갔다.

"오늘밤 우유는 필요 없어요." 앤이 말했다. "고마워요."

백작 부인은 공주에게 인사를 올리고 방에서 나와 문을 닫았다.

겨우 혼자가 된 앤은 창가로 다가가 앉았다. 그리고 오랫동안 거리 풍경을 바라보았다.

■ 전원 全員   ■ 굳은 듯 서 있다 固まったように立っている

「具合が悪かったのです」アンが答えた。「もうよくなりました」

「王女様、私にも大使としての義務があることをご理解くださらないと。殿下にご自分の義務がおありのように」大使が言った。

「大使殿、義務のことをお話しいただく必要はありません。王族と国に対する義務をきちんとわかっていなければ、今夜戻って来てはいないでしょう。いえ、ずっと戻らなかったはずです」アンは言った。「明日はとても忙しい一日になりますから、皆さんもうお休みになってください。下がってよろしい」

全員しばらくその場に立ちつくしていたが、やがてお辞儀をして出ていった。入口で伯爵夫人がお盆を手に取り、王女のところに持っていった。

「今夜はミルクはいりません」アンは言った。「ありがとう」

伯爵夫人は王女に一礼し、部屋から出ると扉を閉めた。

やっと一人になって、アンは窓辺に向かった。腰をおろし、長いこと街の景色を見つめていた。

제8장
마지막 회견

　다음날, 조가 창 옆에 앉아 거리 모습을 내다보고 있자니 문을 노크하는 소리가 들렸다. 조는 희망을 담아 고개를 들고 서둘러 문을 열었다. 그러나 거기에 서 있던 것은 헤네시였다. 조는 맥이 풀려서 등을 돌렸다.

　"이봐, 그건 따낸 건가?" 헤네시가 방으로 발을 들여놓으면서 열띤 어조로 물었다.
　"뭘 말이죠?" 조가 되물었다.
　"공주의 기사―특별 인터뷰 말이야! 확실히 따낸 건가?"

　"아니요, 따내지 못했어요." 조는 그렇게 말하고 딴청을 부렸다.
　"뭐라고? 그럴 리가 없잖아!" 헤네시는 고함을 질렀다. "일부러 숨기고 있는 거지!"
　"뭘 숨기고 있다는 겁니까?" 조가 물었다.

■ 맥이 풀리다　気が抜ける　　■ 딴청을 부리다　そ知らぬふりをする、とぼける

第8章
最後の会見

　次の日、ジョーが窓のそばに腰かけて街の様子をながめていると、ドアをノックする音がした。ジョーは希望を抱いて顔をあげ、急いでドアを開けた。だがそこにいたのはヘネシー氏だった。ジョーはがっかりして背を向けた。

　「おい、あれは取れたのか」ヘネシー氏が部屋に足を踏み入れながら、熱のこもった口調で尋ねた。

　「何をですって？」ジョーは聞き返した。

　「王女の記事だ——特別インタビューだよ！　ちゃんと取れたか？」

　「いいえ、取れませんでした」ジョーは言って、そっぽを向いた。

　「なんだと？　そんなわけないだろう！」ヘネシー氏は大声をあげた。「わざと隠しているんだな！」

　「何を隠しているっていうんですか」ジョーが聞いた。

"내 귀에는 들어왔다고. 너무 많은 게 말이야. 먼저 자네가 특별 인터 뷰에 대한 이야기를 가져왔지. 그런 후에 모습을 감췄어. 그럴 즈음 대사 관에 있는 친구가 알려줬다네. 공주는 아무 데도 아프지 않고, 거리로 나 가 즐기고 있다는 게 아닌가!"

"당신이란 사람! 신문사에서 일하는 사람으로서 어떻게 그러지." 조가 말했다. "다른 사람 말을 아무거나 그대로 믿다니."

"근데 그뿐이 아니라네." 헤네시가 말했다. "유람선에서의 난투에 대 해서 들었네. 첩보원이 8명이나 체포되었다고 하던데. 그 뒤에 갑자기 공 주가 건강해졌다는 소식이 들려왔네! 그것으로 전부 퍼즐이 들어맞았지. 기사는 따낸 거겠지? 값 올리려고 하지 말고, 조. 벌써 약속했잖아. 자, 기사는 어디에 있지?"

헤네시는 조를 밀쳐내고 책상 위의 서류를 뒤지기 시작했다.

"기사는 없어요." 조는 그렇게 말하고 잔에 와인을 따랐다.

마침 그때 어빙이 문을 열고 뛰어들어왔다. 커다란 봉투를 품에 안고 있었다.

"조! 이걸 보라고!" 어빙은 그렇게 말한 후에 헤네시가 있는 것을 발견 했다.

"오, 헤네시 씨, 마침 좋을 때 계시네요. 이걸 볼 때까지 기다려줘요." 그는 그렇게 말했다.

조는 어빙에게 와인을 쏟았다.

■ 모습을 감추다 姿を消す　■ 퍼즐 パズル, 謎

　「こっちの耳には入ってるんだぞ。知りすぎるくらいな。まず、君が特別インタビューの話を持ちかけた。それから、姿を消した。そしたら大使館にいる友人が教えてくれたんだ、王女はちっとも病気なんかじゃなくて、街で遊んでるっていうじゃないか！」

　「あなたって人は新聞屋としてどうなんですかね」ジョーは言った。「人の言うことをなんでも真に受けるなんて」

　「だがそれだけじゃない」ヘネシー氏が言った。「遊覧船での乱闘の話も聞いた。諜報員が8人も逮捕されたそうだな。そのあと急に王女が元気になったっていう知らせだ！ それですべてつじつまが合う。話は取れたんだろう。ふっかけたりするんじゃないぞ、ジョー。もう約束はした。さあ、記事はどこにある？」

　ヘネシー氏はジョーをおしのけて机の書類を調べはじめた。

　「記事はありません」ジョーはそう言って、グラスにワインをついだ。

　ちょうどそのとき、アーヴィングがドアから飛びこんできた。大きな封筒を抱えている。

　「ジョー！ これを見ろよ！」アーヴィングはそう言ってから、ヘネシー氏がいるのに気づいた。

　「おおヘネシーさん、ちょうどいいときにいらした。これを見るまで待ってくださいよ」彼は言った。

　ジョーはアーヴィングにワインをぶちまけた。

"이게 무슨 짓이야, 조?" 어빙이 깜짝 놀라 말했다. "바지 꼴 좀 봐!"

"그래, 저쪽에서 빨아오는 게 좋겠어." 조는 욕실을 가리켰다.

어빙은 욕실로 가면서 물었다. "스미티에 대해서는 얘기했나?"

"아ー니." 조가 대답했다.
"앗, 헤네시 씨, 그 얘기할 때까지 기다려요ー" 어빙이 이야기하려 하자 조가 발을 걸었다. 어빙이 바닥에 넘어졌다.

"조!" 어빙이 소리쳤다.
"이봐, 뭣들하고 있는 거야?" 헤네시가 물었다.
"스미티는 누구며 내가 뭘 보면 된다는 거야?"
헤네시는 어빙의 봉투를 잡았다. 조가 봉투를 낚아챘다.

"아니, 스미티라는 건 요전에 잠깐 만났던 사람일 뿐이고 흥미로운 일은 아무 것도 없습니다. 일부러 들을 정도의 일도 아니라고요. 그리고 이 봉투에는 어빙의 모델 사진밖에 안 들어 있어요. 별볼일 없는 사진이라고요." 조가 말했다.
어빙은 여전히 넘어진 채 놀라서 조를 올려다보았다.

♔

■ 꼴 有り様、ざま　■ 봉투를 낚아채다 封筒をひったくる　■ 별볼일 없다 大したことはない

「何するんだ、ジョー？」アーヴィングはびっくりして言った。「ズボンを見てみろ！」

「そうだな、あっちで洗ってくるといい」ジョーはバスルームを指差した。

アーヴィングはバスルームに行きかけて聞いた。「スミティのことは話したか？」

「うーん」ジョーが答えた。

「あっ、へネシーさん、あの話を聞くまで待って──」アーヴィングが話そうとすると、ジョーが足を出した。アーヴィングは床に倒れこんだ。

「ジョー！」アーヴィングがわめいた。

「おい、何をじゃれあってる？」へネシー氏が聞いた。

「スミティっていうのは誰で私は何を見たらいいのかね？」

へネシー氏はアーヴィングの封筒をつかんだ。ジョーが封筒をひったくった。

「いや、スミティってのはちょっとこの間会っただけの人間で、おもしろいことは何もありません。わざわざ聞くほどのものじゃないですよ。それとこの封筒にはアーヴィングのモデルの写真しか入ってません。つまらない写真です」ジョーが言った。

アーヴィングはまだ転がったまま、驚いてジョーを見あげた。

145

"그런 건 아무래도 좋아." 헤네시가 말했다. "내가 알고 싶은 건 어제 자네가 회사에서 얘기한 기사에 대해서야."

"네, 어제는 기사가 될 거라고 생각했었어요. 그런데 아니었어요!" 조가 말했다. "기사는 없어요."

어빙은 일어서서 당황한 얼굴로 조를 보았다.

"좋아." 헤네시는 모자를 집어 들고 돌아갈 채비를 했다. "공주가 오늘 기자회견을 연다네. 우선은 갔다 오게, 알았지! 그리고 자네는 500달러 내게 빚을 졌어. 약속은 약속이야."

"월급에서 가져가세요. 일주일에 50달러씩." 조가 말했다.

헤네시가 알았다며 밖으로 나갔다. 그러나 이번에는 어빙이 따져 묻기 시작했다.

"어떻게 된 거야? 다른 신문사에 더 좋은 값으로 판 거야?"

"어빙, 뭐라고 해야 할지 모르겠는데, 하지만 ……." 조는 문득 입을 다물고 생각했다. "하지만 그 기사는 쓰고 싶지 않아."

"쓰고 싶지 않아?"

"그래. 그 사람에 대한 기사를 쓸 수가 없어." 조가 말했다. "그 사람에게 그런 일을 하고 싶지 않아." 조가 속절없다는 듯한 얼굴로 고개를 숙이자, 어빙도 퍼뜩 깨달은 모양이었다

"아, 일이 그렇게 된 거군." 어빙도 그렇게 말하고 얼굴을 숙였다. "어쨌든 사진만이라도 보지 않겠나."

■ 돌아갈 채비 帰り支度　■ 속절없다 どうしようもない，やるせない

「そんなのはどうでもいい」ヘネシー氏が言った。「私が気にしているのはきのう君が会社で話した記事のことだ」

「ええ、きのうは記事があると思ったんです。でも間違いでした！」ジョーが言った。「記事はありません」

アーヴィングは立ちあがり、とまどった顔でジョーを見た。

「よろしい」ヘネシー氏は帽子を取って帰り支度をした。「王女は今日記者会見を開く。とにかく行って来い、わかったな。それと君には500ドルの貸しがある。約束は約束だ」

「給料から引いてください。週50ドルずつ」ジョーが言った。

ヘネシー氏が承知して出ていった。しかし今度はアーヴィングが尋ねる番だった。

「どうなってるんだ？ 他の新聞社にもっといい値で売れるのか？」

「アーヴィング、なんて言ったらいいか、でも……」ジョーは一瞬口をつぐんで考えた。「でもこの記事は書きたくないんだ」

「書きたくない？」

「そうだ。あの人のことを記事にはできない」ジョーは言った。「あの人にそんなことはしたくないんだよ」ジョーがやるせない顔でうつむくと、アーヴィングもはたと悟った。

「ああ、そういうことか」アーヴィングもそう言って下を向いた。「とにかく、写真だけでも見てみないか」

　어빙은 봉투에서 사진을 꺼내어 침대 위에 펼쳐 놓았다. 조에게 사진을 보여주는 동안 점점 열기가 더해졌다.
　"이걸 보라고." 어빙이 웃으며 말했다.
　조는 앤이 난생 처음 담배를 물고 있는 사진을 집어 들었다. 조가 소리를 내어 웃었다.
　"'롯카'에서 찍은 거네." 조는 그때의 일을 떠올리며 말했다.

　"이건 언제?" 조가 다른 사진을 집어 들었다. "'진실의 입'이야."

　"이건?" 어빙이 또 다른 사진 한 장을 손에 들었다. 사진을 보고 두 사람은 함께 웃었다. 그것은 앤이 이발사 마리오와 춤추고 있는 장면이었다.
　"제목을 붙인다면 '이발사, 깊숙이 들어오다'겠어." 어빙이 말했다.

　"어이, 제법인 걸!"
　어빙이 한 장 더 조에게 건넸다. 앤이 첩보원을 기타로 내리치는 사진이었다.
　"우와!" 조가 말했다. "명장면이야!"
　"제목을 붙인다면, '보디가드, 보디블로를 당하다'라든가."
　어빙과 조는 오랫동안 배를 잡고 웃었다. 그러나 점차 그 소리가 잦아들었고 두 사람은 같이 잠시 아무 말도 하지 않았다. 어빙은 조의 눈에 깊은 슬픔이 잠겨 있는 것을 눈치챘다.

■ 명장면 名場面　■ 슬픔에 잠기다 悲しみに沈む

　アーヴィングは封筒から写真を取り出して、ベッドの上に広げた。ジョーに見せるうちだんだん熱が入りはじめた。

　「これを見てごらんよ」アーヴィングが笑顔で言った。

　ジョーはアンが生まれて初めてタバコをふかしている写真を取りあげた。ジョーは声を出して笑った。

　「『ロッカ』で撮ったやつだ」ジョーはそのときのことを思い出しながら言った。

　「こっちはどうだい？」ジョーが別の写真を取りあげた。「『真実の口』だ」

　「これは？」アーヴィングがまた違う一枚を手にした。写真を見て2人とも笑った。それはアンが理髪師のマリオと踊っているところだった。

　「タイトルをつけるなら『理髪師、切り込む』だな」アーヴィングが言った。

　「おい、うまいな！」ジョーが笑う。

　アーヴィングがもう1枚ジョーに渡した。アンが諜報員をギターで殴っている写真だ。

　「うわあ」ジョーが言った。「名場面だ！」

　「名づけて、『ボディーガード、ボディーブローをくらう』とか」

　アーヴィングとジョーは長いこと笑いころげた。しかし、次第にその声は静まっていき、2人ともしばらく口をきかずにいた。アーヴィングはジョーの目に深い悲しみが沈んでいるのに気がついた。

"오늘 회견에는 갈 건가?" 어빙이 물었다.

"어, 물론 가야지." 조가 말했다. "일이니까."

"그럼, 거기에서 만나자고." 어빙이 말했다. 사진을 모아서 봉투에 집어넣고 젖은 바지로 다시 눈을 주었다가 어쩔 수 없다는 듯 고개를 좌우로 흔들다가 밖으로 나갔다.

대사관에 도착하자 많은 기자와 카메라맨이 큰 홀에 모여 있었다. 조와 어빙은 홀로 들어가 안을 빙 둘러보았다. 아름다운 방이었다. 앞쪽에는 보도진과 공주 사이를 가르는 로프가 쳐져 있었다. 로프 너머에는 무대가 있었고 거기에서부터 낮은 계단이 활짝 열린 커다란 문으로 이어져 있었다.

왕실 담당관이 방으로 들어와 로프 옆에 서서 큰 목소리로 이야기하기 시작했다.

"여러분." 그가 말했다. "앤 공주 전하가 입장하십니다."

기자들은 모두 로프 근처로 다가가 공주가 들어오는 것을 지켜보았다. 대사, 장군, 백작 부인, 그 밖의 많은 이들이 공주의 뒤를 따랐다. 조와 어빙도 가장 앞열에서 보고 있었다.

"전하." 대사가 말했다. "보도관계자 여러분이십니다."

앤 공주는 무대에 올라 미소를 짓고 인사를 했다. 모인 사람들을 훑어보다가 공주의 눈에 조의 모습이 들어왔다. 놀란 공주의 얼굴에서 웃음기가 사라졌다. 곧바로 눈을 거두었고 마침 그때 자리에 앉아서 회견을 시작하도록 대사가 손짓으로 지시를 했다.

■ 보도진 報道陣　■ 왕실 담당관 王室担当官　■ 눈을 거두다 目をそらす

「今日の会見には行くのか？」アーヴィングが聞いた。

「ああ、行くとも」ジョーが言った。「仕事だからな」

「それじゃあっちで会おう」アーヴィングが言った。写真を拾いあげて封筒におさめ、ぬれたズボンにまた目をやり、やれやれと頭を振って外へ出ていった。

大使館に着くと、記者やカメラマンがたくさん大広間に集まっていた。ジョーとアーヴィングは部屋に入って中をぐるりと見回した。美しい部屋だった。前方には報道陣と王女をへだてるロープが張られている。ロープの向こうには舞台と、そこから開けはなしの大きな扉へ続く低い階段があった。

王室の担当官が部屋に入ってきて、ロープのそばに立つと大きな声で話しはじめた。

「皆さま」彼は言った。「アン王女殿下のご入場です」

記者は全員ロープの近くに寄って王女が入ってくるのを見守った。大使、将軍、伯爵夫人、その他大勢が王女の後ろに従った。ジョーとアーヴィングも一番前の列で見ていた。

「殿下」大使が言った。「報道関係者の皆さんです」

アン王女は舞台に立って笑顔であいさつをした。集まった人々を見渡すうち、王女の目がジョーをとらえた。驚いた王女の顔から笑みが消えた。すぐさま目をそらすと、ちょうど席について会見をはじめるようにと大使が手振りで示した。

"여러분." 담당관이 말했다. "지금부터 공주님께서 질문에 대답하겠습니다."

기자대표가 처음으로 입을 열었다.

"전하의 회복을 저희들 일동, 진심으로 기뻐한다는 말씀을 드립니다."

"감사합니다." 앤이 말했다.

다른 기자가 질문했다.

"전하께서는 유럽의 미래가 국가 간의 협력을 통해 좋은 방향으로 나아갈 것이라고 생각하고 계십니까." 기자가 물었다.

"국가 간의 협력은 틀림없이 유럽의 장래에 유익하다고 생각합니다." 앤이 말했다.

"국가 간의 우호관계에 대해서 전하의 의견을 들려주시겠습니까." 다른 기자가 물었다.

"존중하고 있습니다." 앤이 말했다. "사람과 사람과의 우호관계를 존중하는 것과 같습니다." 그렇게 말하고 조를 향해 방향을 바꾸었다.

"전하께서 사람 사이의 우호관계를 의심하게 될 일은 결코 없을 것이라고 믿습니다." 조가 공주의 눈을 똑바로 쳐다보고 말했다.

"그렇게 말씀하셔서서 대단히 기쁘게 생각합니다." 앤이 대답했다. 대사도, 장군도, 다른 관계자도, 앤의 주위에 서 있는 사람들 모두가 걱정스러운 듯 서로의 얼굴을 쳐다보았다. 이것은 사전에 준비된 공주의 대답에는 없었던 것이다.

■ 존중하다 尊重する　■ 걱정스럽다 気掛かりだ, 心配だ

「皆さま」担当官が言った。「これから王女が質問にお答えします」

記者代表が最初に口を開いた。

「殿下のご回復、われわれ一同心よりお喜び申し上げます」

「ありがとうございます」アンが言った。

別の記者が質問をした。

「殿下はヨーロッパの将来が国家間での協力によってよい方向に進むとお考えでいらっしゃいますか」記者が聞いた。

「国家間の協力はまちがいなくヨーロッパの将来に有益だと思っています」アンが言った。

「国家間の友好関係について殿下のご意見をお聞かせいただけますか」別の記者が聞いた。

「尊重しています」アンが言った。「人と人との友好関係を尊重するのと同じです」そう言って、ジョーの方に向き直った。

「殿下が人々の友好関係を疑うことには決してならないと信じております」ジョーが王女の目をまっすぐ見つめて言った。

「そう聞いて大変うれしく思います」アンが答えた。大使も、将軍も、他の関係者も、アンのまわりに立っていた人たちは全員心配そうに顔を見あわせた。これは事前に用意された王女の回答にはなかった。

"전하께서 방문하신 도시 중에서 가장 즐거웠던 장소는 어디였습니까?"

앤은 조를 보았다.

"어느 도시나 제각기 ……" 장군이 작은 목소리로 앤이 해야 할 말을 떠올리게 하려는 듯이 속삭였다.

"어느 도시나 제각기 훌륭해서" 앤이 말했다. "선택하기가 어렵네요—"

그런데 거기에서 갑자기 말을 끊고 다시 한 번 조를 보며 웃었다.

"로마입니다." 앤은 그렇게 말하고 한층 더 밝은 미소를 지었다. "누가 뭐라 해도 로마입니다. 여기에서 지낸 시간은 살아 있는 한 잊을 수 없을 겁니다."

"몸이 편찮으셨는데도 말입니까, 전하?" 다른 기자가 물었다.

"그렇더라도요." 앤이 말했다.

담당관이 앞으로 나와 입을 열었다.

"그럼, 사진촬영 시간이 되었습니다.

앤이 일어나자 카메라맨들이 전원 공주 가까이로 다가왔다. 어빙은 한 발 나아가 앤에게 웃음을 보내고 라이터형 카메라를 꺼냈다. 몸을 앞으로 숙여 카메라를 들여다보며 버튼을 눌렀다. 앤은 멈칫해서 어빙을 보았다. 그 카메라를 계속 사용하고 있었다는 사실을 깨달은 것이다. 어빙은 싱긋 웃었다. 앤이 조를 보자 조도 웃음으로 되돌려주었다. 어빙은 조 옆으로 돌아갔다.

「殿下がご訪問なさった都市で一番楽しかった場所はどちらでしょうか？」別の記者が尋ねた。

アンはジョーを見た。

「どの都市もそれぞれ……」将軍が小声で、アンが言うべきことを思い出させようとささやいた。

「どの都市もそれぞれすばらしく」アンが言った。「選ぶのはむずかしい——」

だがそこで急に言葉を切り、もう一度ジョーを見てほほえんだ。

「ローマです」アンは言い、いっそう大きな笑みを浮かべた。「なんといっても、ローマです。ここで過ごした時間は、生きている限り忘れはしません」

「おかげんが悪かったのにでしょうか、殿下？」他の記者が聞いた。

「それでもです」アンは言った。

担当官が進み出て口を開いた。

「それでは、写真撮影の時間になります」

アンは立ちあがり、カメラマンたちは全員王女の近くに寄った。アーヴィングは一歩踏み出してアンに笑いかけ、ライター型のカメラを取り出した。前かがみになって、カメラをのぞきこみ、ボタンを押す。アンはぎょっとしてアーヴィングを見た。ずっとそのカメラを使っていたことに気づいたのだ。アーヴィングはにっこりした。アンがジョーの方を見ると、ジョーも笑い返した。アーヴィングはジョーのそばに戻っていった。

"여러분, 참석해주셔서 감사합니다." 대사가 말했다. 앤이 대사를 향해 몸을 돌렸다.

"지금부터 보도관계자 분들께 인사를 드리고 싶습니다." 그녀가 말했다. 대사는 놀랐다. 이것도 예정에는 들어 있지 않았다. 그러나 앤이 계단을 내려오자 백작 부인과 장군이 뒤를 따랐다. 로프가 걷히고 앤은 늘어선 기자와 카메라맨에게 다가갔다.

"시카고 데일리 뉴스의 히치콕이라고 합니다." 첫번째 기자가 말했다.

"뵙게 되어 반갑습니다, 히치콕 씨." 앤이 말하고 웃으며 악수를 나눴다.

"독일 프레스 에이전트입니다." 다음은 독일에서 온 기자였다.

"만나 뵈어 영광입니다." 앤이 악수하며 말했다.

앤은 쭉 늘어선 기자들 전원과 인사를 하면서 걸어나갔다. 드디어 어빙의 순서가 되었다.

"CR포트 서비스의 어빙 래도비치입니다." 어빙이 이름을 말했다.

"처음 뵙겠습니다." 앤이 말하며 손을 잡았다. 어빙은 주머니에서 봉투를 꺼내어 건넸다.

"전하께 로마 방문 기념 사진을 드리고 싶었습니다." 어빙이 말했다.

■ 참석하다 出席する ■ 만나서 영광이다 お会いできて光栄だ

「皆さん、ご出席ありがとうございました」大使が言った。アンが大使の方を向いた。

「これから報道関係者の方々にごあいさつしたいと思います」彼女は言った。大使は驚いた。これも予定には入っていない。しかしアンは階段を降りていき、伯爵夫人と将軍が後ろに付きそった。ロープがはずされ、アンは立ち並ぶ記者やカメラマンに近づいた。

「シカゴ・デイリーニュースのヒッチコックと申します」最初の記者が言った。

「お目にかかれてうれしく思います、ヒッチコックさん」アンが言い、笑顔で握手をかわした。

「ドイツ・プレス・エージェントです」次はドイツから来た記者だった。

「お会いできて光栄です」アンが握手して言った。

アンはずらりと並んだ記者たち全員とあいさつをしながら進んでいった。ついにアーヴィングの順番が来た。

「CRフォト・サービスのアーヴィング・ラドヴィッチです」アーヴィングが名のった。

「はじめまして」アンが言い、手を握った。アーヴィングはポケットから封筒を出して手渡した。

「殿下にローマご訪問記念の写真をお贈りしたく存じます」アーヴィングが言った。

앤은 봉투를 받아 들었다. 봉투를 열어 사진을 한 장 꺼냈다. 앤이 기타로 경호원을 내리치고 있는 사진이었다. 그녀는 웃음을 참았다.

"정말 감사합니다." 앤이 말했다. 그리고 조를 보며 그에게 다가갔다.

"아메리칸 뉴스 서비스의 조 브래들리입니다." 조가 말했다. 앤은 감정을 드러내지 않도록 손을 잡았다.

"매우 기쁩니다." 앤이 말했다. 두 사람은 웃음을 나누었고 앤은 다음 사람에게 걸어갔다.

"런던 텔레그래프의 스티브 하우젠입니다." 옆의 기자가 말했다.

"안녕하세요." 앤이 말했다.

앤은 맨 앞 줄의 마지막 기자가 있는 곳까지 가서 인사를 끝내고 방향을 바꿔 무대로 올라갔다. 단상으로 돌아가자 일동은 박수를 보냈다. 앤은 천천히 웃음을 보내고 기자들을 둘러보았다. 앤의 시선이 움직이다가 조에게서 멈췄다. 조는 웃음으로 답했고 두 사람은 잠시 서로만을 바라보았다. 이윽고 앤은 등을 돌려 걸어갔다.

■ 감정을 드러내다 感情をあらわにする　　■ 이윽고 やがて

　アンは封筒を受けとった。開けて一枚の写真を取り出した。アンがギターで警護員を殴っている写真だった。彼女は笑いをこらえた。

　「どうもありがとうございます」アンは言った。それからジョーを見て、近づいていった。

　「アメリカン・ニュース・サービスのジョー・ブラッドリーです」ジョーが言った。アンは感情を出さないようにして手を握った。

　「とてもうれしいですわ」アンが言った。2人はほほえみをかわし、アンは次に進んだ。

　「ロンドン・テレグラフのスティーヴン・ハウゼンです」隣の記者が言った。

　「ごきげんよう」アンが言った。

　アンは最前列の終わりにいる記者のところまであいさつを終え、向きを変えて舞台に上がった。壇上に戻ると一同は拍手を送った。おもむろに、アンは笑顔で記者たちの方を振り返った。アンの視線が動いていき、ジョーのところで止まった。ジョーはほほえみ返し、2人はしばらくお互いだけを見ていた。やがて、アンは背を向けて歩き出した。

공주는 천천히 방에서 나갔고 뒤에는 대사, 장군, 백작 부인, 그 밖의 많은 측근들이 뒤따라갔다. 모인 보도진도 돌아가기 시작했다. 어빙은 조를 보았지만 조는 그저 멍하니 서서 텅빈 무대를 바라보고 있었다. 어빙은 눈을 떨구었다. 말을 걸지 못하고 어빙도 자리를 떴다. 순식간에 혼자 남은 조는 로프 옆에 서 있었다.

조는 주머니에 양손을 집어넣고 무대를 뒤로했다. 느릿느릿한 걸음으로 그 자리에서 멀어져 갔다. 출구까지 나와 마지막으로 한 번 더 뒤돌아보고, 건물을 뒤로했다.

■ 멍하니 서다 ぼーっと立つ ■ 느릿느릿한 걸음 ゆったりとした歩み

　王女はゆっくりと部屋から出ていき、後ろには大使、将軍、伯爵
夫人、その他大勢の側近たちがつづいた。集まった報道陣も帰りは
じめた。アーヴィングはジョーを見たが、ジョーはただ立ちつくし
て空っぽの舞台を見ていた。アーヴィングは目を落とした。声をか
けぬまま、アーヴィングも出ていった。あっという間に、ジョーは
一人ぼっちになって、ロープのそばに立っていた。
　ジョーはポケットに両手をつっこんで舞台に背を向けた。ゆっく
りした足取りで、その場を離れていった。出口まで来ると、最後に
もう一度振り返り、そして建物を後にした。

覚えておきたい韓国語表現

인생이란 언제나 마음먹은 대로는 안 되는 법이지. (p.130, 下から8行目)
人生はいつも思いどおりには行かないものさ。

【解説】韓国語で「-(이)란 ~ 법이다」は、ある対象を特別に話題にする時に使う表現です。助詞「란」と、前述の動作や状態が当然であることを表す「법이다」が文の前後に使われて「～とは～ものだ」という意味で使われます。「란」と「법이다」はそれぞれ独立して使われることもあります。

【例文】

① 죄를 지으면 누구나 벌을 받는 법입니다.
　罪を犯せば誰もが罰を受けるものです。

② 친구란 어려울 때 도와주는 것이 참다운 친구야.
　友達とは、困ったときに助けてあげるのが本当の友達だよ。

③ 겨울이란 워낙 추운 법이다.
　冬というのは何しろ寒いものだ。

어제 건강에 이상이 생겼다고 한 앤 공주의 상태에 대해서는 오늘밤도 아무 정보가 들어오지 않았습니다. (p.132, 2-4行目)
昨日体調を崩されたアン王女の容体について、今夜も情報は入っておりません。

【解説】「건강에 이상이 생기다」は直訳すると「健康に異常が起きる」ですが、「体調不良」「体調を崩す」という意味の韓国語では「몸 상태가 좋지 않다」「몸에 탈이 나다」など「体の調子がよくない」というニュアンスに近い表現をします。

【例文】

① 더위를 먹어 몸 상태가 나빠졌다.

　暑さに負けて体調を崩した。

② 몸 상태가 좋지 않아 조퇴했다.

　体調不良で早退した。

※ 本文の文脈において、日本語では「体調を崩されたアン王女の容体」と書いても問題ないですが、韓国語では体調を崩したこと＝聞かされたことであり、直接していることではないので、「〜という」に当たる「-다고 한」という表現を入れて、他人から聞いた話であることを明らかにしないといけません。

어빙은 싱긋 웃었다.（p.154, 下から3-2行目）
アーヴィングはにっこりした。

【解説】「싱긋」は、目と口を少し動かしながら声が出ないように軽く笑う様子です。笑いの表現はこの他にもいろいろあります。「にっこり」は「생긋」「방긋」という表現がありますが、「생긋」は「쌩긋」「싱긋」「생긋이」と笑いの程度によって少しずつ変わります。

【例文】

① 그는 어색한 듯 싱긋 웃고는 무거운 걸음을 떼었다.

　彼はぎこちなくにこっと笑って、重い足取りで歩いた。

② 그는 선물을 사면서, 좋아할 딸의 얼굴을 생각하곤 싱긋 웃었다.

　彼はプレゼントを買いながら、好きな娘の顔を思い出してにっこりと笑った。

※ 韓国語の「笑い」の表現

にやにや	히죽히죽
にこにこ	생글생글, 생긋생긋, 싱글벙글
にんまり	빙긋이, 빙그레, 방긋
くすくす	낄낄, 킥킥
にやっと	실쭉, 싱그레, 씩
にやり	히쭉, 힐쭉, 빙긋, 배시시

覚えておきたい韓国語表現

조는 주머니에 양손을 집어넣고 무대를 뒤로했다. (p.160, 下から3行目)
ジョーはポケットに両手をつっこんで舞台に背を向けた。

【解説】「뒤로하다」は基本的に「（人が何かを）後ろに置く」という意味で、「後ろに残して（後にして）去る」という表現として使われます。表記する際は「뒤로」と「하다」の間をあける（分かち書きにする）のではないかと思われがちですが、一つの単語なのでつなげて書きます。

【例文】

① 고향 산천을 뒤로하고 아쉬운 발걸음을 내디뎠다.
　　故郷の山河を後にして名残惜しい一歩を踏み出した。

② 부모님의 염려를 뒤로하고 유학길에 올랐다.
　　両親の心配を後にして留学の途についた。

イタリアを舞台にした映画

　1950年代、アメリカは戦後の経済的な繁栄を謳歌していました。

　ハリウッドにも人材が集まり、映画製作活動も活発でした。しかし、当時のアメリカは冷戦のため、官民一体となったレッドパージと呼ばれる共産主義思想排斥運動が盛んでした。

　そんなアメリカを嫌い、人件費がまだ安かったヨーロッパでの映画の製作がブームになったのも当時の傾向だったのです。ヨーロッパは戦後の復興の最中。アメリカからの投資は大歓迎。しかも、映画の製作は、観光産業にも良い影響を与えます。『ローマの休日』はそうした意味からもアメリカ、イタリア双方にとって有り難い映画だったのです。この映画が公開されたのは1953年。日本は朝鮮戦争による特需で敗戦によるダメージから立ち直り始めた頃で、この映画は翌年には日本にも上陸しました。

　イタリアでその当時ロケされた映画で注目したいのは、『ローマの休日』から2年後に、『アラビアのロレンス』や『ドクトルジバコ』の監督として知られるデイビット・リーンによる恋物語『旅情』ではないでしょうか。

　それは、オードリー・ヘプバーンと共に、当時人気を博していたキャサリン・ヘプバーンが演じる、ジェーン・ハドソンがベネチアで恋をする物語です。『ローマの休日』と『旅情』の双方に共通しているのが、美しいイタリアの風景をふんだんに活用し、恋物語に素晴らしい彩りを添えていることです。そして、この2つの映画は共に、男と女の出会いから別れをごく短い時間の中に凝縮していることです。

　そうした短くかつ清純な恋物語がこれだけ人気を博したのも、過去に余り例のないことでした。

　戦争という暗いトンネルを抜け出したヨーロッパが、輝きを取り戻しつつある時代の2つの映画。それらは、豊かなアメリカ人が自らのルーツである「故郷」へのノスタルジーと愛情を込めて造り上げた名作だったのです。

（斉藤　啓）

E-CAT

English **C**onversational **A**bility **T**est

国際英語会話能力検定

● E-CATとは…

英語が話せるようになるための
テストです。インターネット
ベースで、30分であなたの発
話力をチェックします。

www.ecatexam.com

iTEP

● iTEP®とは…

世界各国の企業、政府機関、アメリカの大学
300校以上が、英語能力判定テストとして採用。
オンラインによる90分のテストで文法、リー
ディング、リスニング、ライティング、スピー
キングの5技能をスコア化。iTEP®は、留学、就
職、海外赴任などに必要な、世界に通用する英
語力を総合的に評価する画期的なテストです。

www.itepexamjapan.com

［IBC 対訳ライブラリー］

韓国語で読むローマの休日

2024年5月5日　第1刷発行

原 著 者　イアン・マクレラン・ハンター

翻訳・解説　ユ・ウンキョン

発行者　賀 川　洋

発行所　　IBCパブリッシング株式会社
　　　　　〒162-0804 東京都新宿区中里町29番3号 菱秀神楽坂ビル
　　　　　Tel. 03-3513-4511　Fax. 03-3513-4512
　　　　　www.ibcpub.co.jp

印刷所　　株式会社シナノパブリッシングプレス

ISBN978-4-7946-0809-3